ビジョナリーカンパニー

TURNING THE FLYWHEEL

弾み車の法則

A Monograph to Accompany Good to Great

ジム・コリンズ

土方奈美
翻訳

日経BP

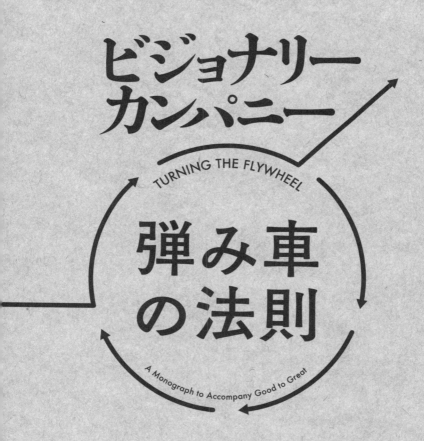

TURNING THE FLYWHEEL
by Jim Collins

Japanese translation rights arranged with CURTIS BROWN LTD. (U.S.)
through Japan UNI Agency Inc., Tokyo

私の大切な仲間達へ（名前を挙げなくてもわかるだろう）。
忠誠、愛、そして変わらぬ友情を込めて。

CONTENTS

弾み車をまわす

「美は装飾的効果ではなく、構造的一貫性から生じる」

ピエール・ルイージ・ネルヴィ［1］

『ビジョナリー・カンパニー2　飛躍の法則』が刊行されたばかりの二〇〇一年秋、アマゾン・ドットコムから声がかかり、創業者のジェフ・ベゾスをはじめ数名の経営幹部とじっくり議論する機会に恵まれた。ドットコム・バブル崩壊の余波が深刻な時期で、どうすればアマゾンは復活できるのか（そもそも復活できるのか）、いずれ偉大な会社になりえるのか、懐疑的な声もあった。

私はそこで、われわれの研究で明らかになった「弾み車効果」について語った。良い会社から偉大な会社への飛躍とは、たった一つの決定的

▼注1
Stephen Ressler, *Understanding the World's Greatest Structures* [Chantilly, VA: The Teaching Company, 2011], Lecture 24.

行動、壮大な計画、驚異的イノベーション、幸運、あるいは奇跡の瞬間がもたらすのではない。それはむしろ、巨大な重い弾み車をまわしつづけるようなものだ、と。力いっぱい押すと、弾み車はほんの数センチ前へ動く。さらに力を込めて押しつづけると、ようやく一回転する。そこで手を止めない。押しつづける。弾み車は少しだけ速く動くようになる。二回転。四回転、そして八回転。勢いがついてくる。一六回転、三二回転。回転速度はますます高まる。一〇〇〇回転、一万回転、一〇万回転。すると、ある時点でブレークスルーが起きる。およそ止めようのない勢いのついた弾み車は、飛ぶように転がっていく。

本稿のテーマは**自らの事業環境に合わせて**、弾み車に勢いを生み出していく方法だ。それを十分に理解し、創造力と規律をもって実践すれば、戦略的累積効果の威力を実感できるだろう。どの回転も、それまでの努力の上に成り立っている。優れた意思決定をする、それを完璧に実行するというプロセスが一つ、また一つと積み重なっていく。偉大さとは、こうしてつくられるものなのだ。

アマゾンの経営チームは、この弾み車の概念に飛びついた。そしてそれを活用し、会社が常に最高の状態で走り続けられるような、勢いを生み出す仕組みを考案した。ベゾスは創業当初からアマゾンに、より多くの顧客に、より多くの価値をもたらすことへのこだわりを植えつけた。これは強力な、社内を活気づける要因であり、崇高な目的とさえ言える。しかしアマゾンと他社の決定的違いは、その「志《こころざし》」だけでなく、ベゾスとアマゾンがそれを反復的ループへと変えたところにあった。

ブラッド・ストーンは著書『ジェフ・ベゾス果てなき野望：アマゾンを創った無敵の奇才経営者』に、こう書いている。「ベゾスとその側近は、独自の好循環を図で表している。それこそがアマゾンの推進力になってきたというのだ。内容はこんな具合だ。『低価格が訪問客数の増加につながる。顧客増加が売上増加につながり、手数料を支払うサードパーティの売り手をサイトに引き寄せる。それによってウェブサイトを運営するのに必要な配送センターやサーバーといった固定費に対してより多くの売上をあげられる。効率性が高まることで、さらに価格を下げることができる』。この弾み車の構成要素のどれを押しても、ループは加速するはずだと彼らは考えた」。こうして弾み車が回転し、勢いがつく。さらに弾み車を押せば、勢いは加速する。それを繰り返す。ベゾスはアマゾン成功の決め手は弾み車効果を活用したことだと考えている、とストーンは書いている［2］。

次ページの図は、アマゾンが最初につくった弾み車の本質を、私なりにとらえたスケッチだ（本稿には弾み車の概念を表現するため、いくつかの企業の実例を載せている。ただいずれのスケッチも私自身の解釈を表すものであることを改めておことわりしておく。実際にそれを構築した企業の経営者ならもっと細やかなものを描くはずだ。本稿に載せたスケッチは、みなさんが弾み車の概念を理解し、独自の弾み車を考えるヒントとしていただきたい）。

このロジックには、終わりがないことがわかるだろう。アマゾンの弾

▼注2
Brad Stone, *The everything Store* (New York , NY: Little, Brown and Company, 2013), 6-8, 12, 14, 100 -102, 126 -128, 188, 262 -263, 268.（『ジェフ・ベゾス果てなき野望：アマゾンを創った無敵の奇才経営者』、井口耕二訳、日経BP、2014年）

み車を頭のなかで何回転かたどってみれば、その勢いにのみ込まれてしまいそうになる。弾み車の一つひとつの構成要素は次の要素への準備となり、まるで強い力で引っ張られるようにループが進展していく。

ドットコム・バブル崩壊後の混乱期に、ベゾス以下の経営陣がパニックを起こし、弾み車を放り出して悪循環に陥ってもおかしくはなかった。悪循環は『ビジョナリー・カンパニー2』のなかで説明した概念で、この状態に陥った企業は不本意な結果に直面すると、規律を失い、場当たり的な対応をするようになる。新たな救世主、

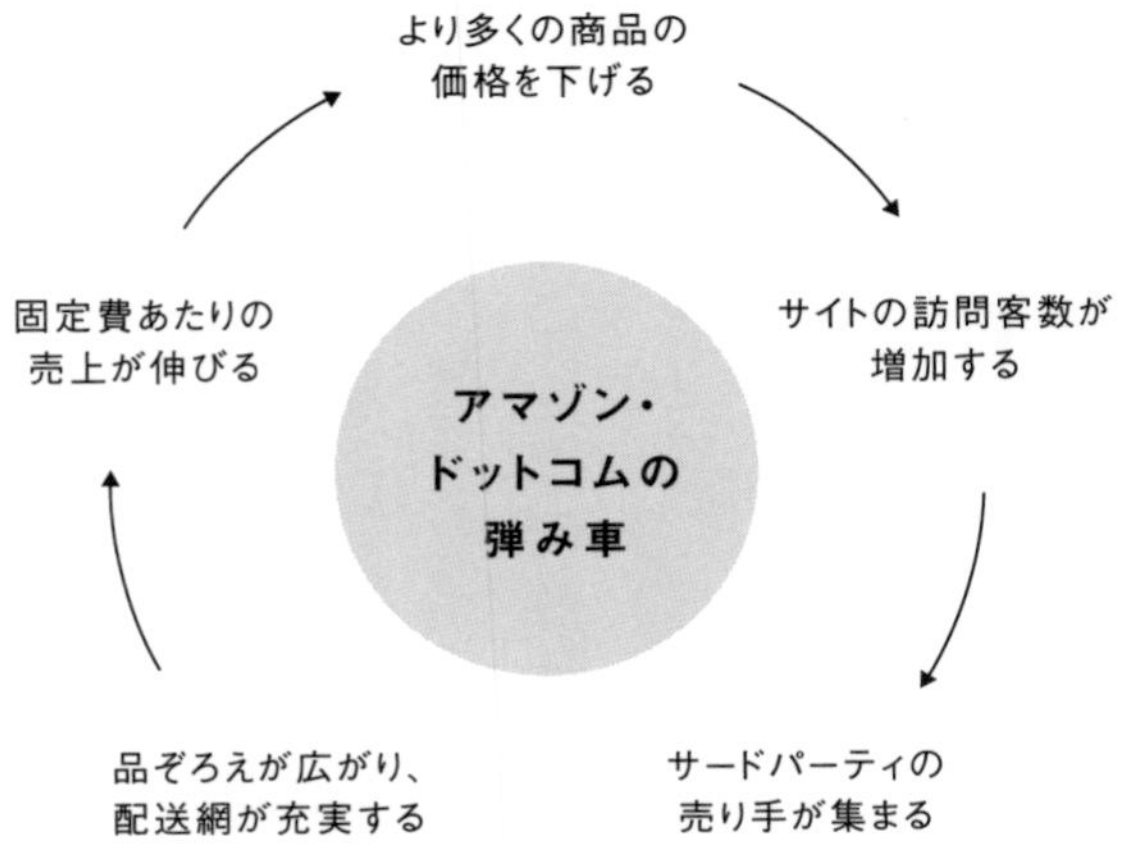
アマゾン・ドットコムの弾み車
より多くの商品の価格を下げる
サイトの訪問客数が増加する
サードパーティの売り手が集まる
品ぞろえが広がり、配送網が充実する
固定費あたりの売上が伸びる

事業計画、流行や目新しいできごと、方向性に飛びつく。それはさらに不本意な結果を引き起こすだけだ。すると再び場当たり的な対応をして、状況は一段とまずくなる。

一方アマゾンは弾み車を堅持し、勢いをつけるためにその枠組みのなかで積極的に革新を続けた。こうして混乱期を生き延びただけでなく、ドットコム時代に誕生した企業のなかで最も成功し、永続性のある会社となったのだ。

その後、アマゾンは弾み車を刷新し、その対象をシンプルなeコマースサイトから大きく広げてきた。さらに人工知能や機械学習といった新たなテクノロジーを活用し、弾み車を強化してきた。しかしそのあいだも根底にある弾み車のつくりはほとんど変わらなかった。こうして世界中の大企業が恐れる、顧客価値をひたすら増大させていく仕組みができあがった。

優れた弾み車の力を侮《あなど》ってはならない。とりわけ非常に長い期間にわたって勢いを蓄積したときの威力は、途方もないものになる。ひとたびまっとうな弾み車が構築できたら、何年、何十年もその刷新や拡張を続けていくべきだ。意思決定のうえに意思決定、行動のうえに行動、回転のうえに回転を積み重ねる。ループを完了するたびに、効果は蓄積していく。ただこれを最善のかたちで実現するには、**自社固有の弾み車がどのようなつくりになっているか**を理解する必要がある。あなたの会社の弾み車がアマゾンとそっくり同じであることはまずないが、同じレベルの明確さとロジックの健全さは必須である。

『ビジョナリー・カンパニー2』の発表以来、私は何十という会社の経営陣にアマゾンの経営陣と同じことをやってみるべきだ、と働きかけてきた。なかには私が主宰するコロラド州ボルダーのマネジメント研究所「グッド・トゥ・グレート・プロジェクト」までやってきた経営チームもあり、私は彼らが自らの弾み車をつくりあげる様子を見守ってきた。

それはジグソーパズルを完成させる作業によく似ている。ピースを目の前に広げて、ああでもない、こうでもないと議論しながら組み合わせていく。それは正しい弾み車にたどり着くための規律ある思考プロセスなのだ。弾み車に不可欠な構成要素は何か。最初に来るのはどの要素か。次はどれか。それはなぜか。ループはどのように完結するのか。構成要素が多すぎないか。抜けているものはないか。これが実際に機能することを示す根拠はあるのか。徐々に唯一無二の弾み車が姿を現す。すべてがカチッとはまったときには、ジグソーパズルの最後のピースを置いたときと同じ感じがする。経営チームは自分たちの弾み車を明確にするなかで、どうすれば良い会社から偉大な会社へのブレークスルーを実現し、持続させるのに必要な結果を出せるかがわかった、腹落ちしたという興奮を覚える。

大手投資ファンドのバンガードのCEOだったビル・マクナブは、二〇〇九年に最高幹部を引き連れてボルダーにやってきた。そして丸二日かけて自分たちの弾み車を明確にした。それはバンガードに勢いを生み出す仕組みの本質を見事にとらえていた。以下に私がスケッチした簡略版を示そう。

バンガードの弾み車では、一つひとつの構成要素が単なる「次にとるべきアクション」ではなく、**直前のステップから生じる必然的結果**にもなっていることに注目してほしい。低コストの投資ファンドを提供すれば、投資家が手にする長期リターンは（同

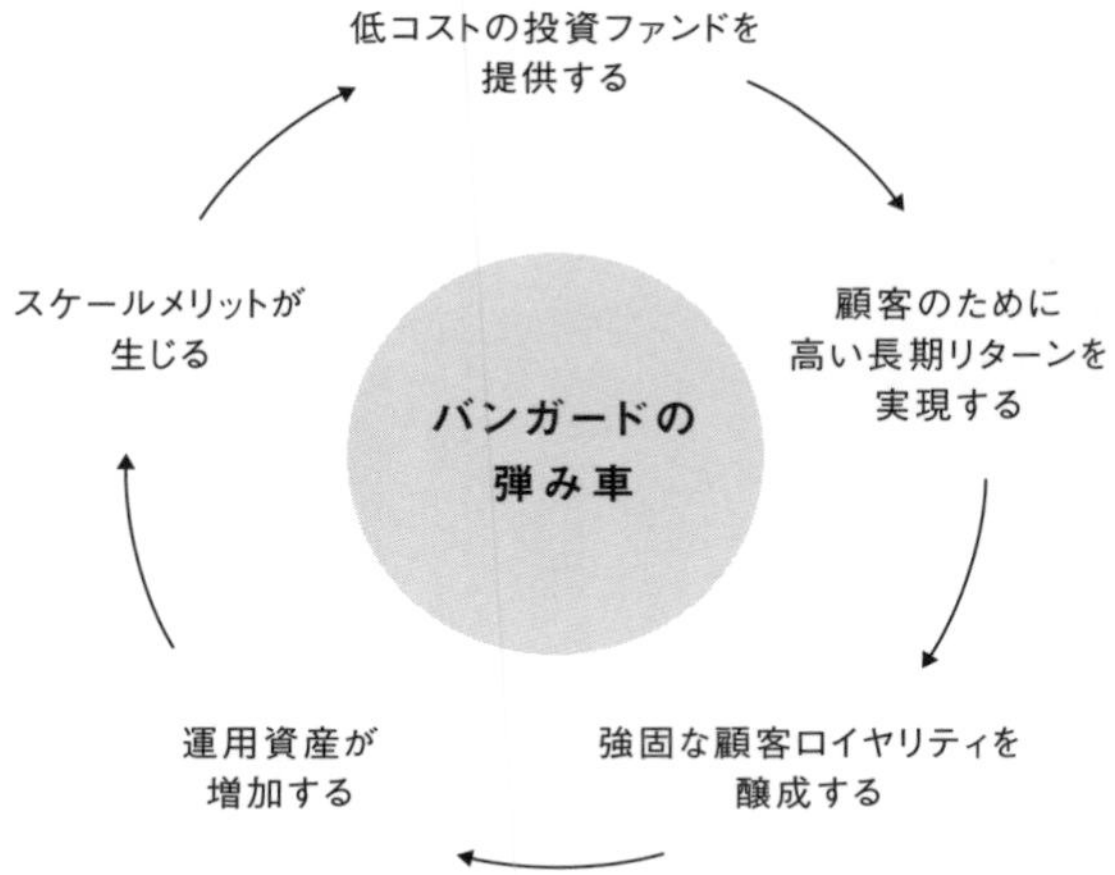
低コストの投資ファンドを
提供する
顧客のために
高い長期リターンを
実現する
強固な顧客ロイヤリティを
醸成する
運用資産が
増加する
スケールメリットが
生じる
バンガードの
弾み車

じ資産クラスに投資するコストの高いファンドと比べて）**ほぼ必然的に**高くなる。そして投資家に高いリターンをもたらせば、**ほぼ必然的に**顧客ロイヤリティは高くなる。そして強固な顧客ロイヤリティを醸成すれば、**ほぼ必然的に**運用資産は増える。運用資産が増えれば、**ほぼ必然的に**スケールメリットが生じ、スケールメリットが生じれば**ほぼ必然的に**コストは低くなり、それを顧客に還元できる。

バンガードは先見性のある創業者で、世界初のインデックス投信を生み出したジョン・ボーグルが示した洞察と原則に基づき、この弾み車に近いものを数十年にわたって回しつづけてきた。ただ一旦足を止め、事業の根底にある弾み車のつくりを明確にしたことで、経営陣は勢いの強化に狂信的と言えるほどの熱意で取り組めるようになった。二〇〇八年から〇九年にかけての金融危機を脱したばかりの同社にとり、これは特に重要なことだった。二〇〇九年から一七年まで、バンガードの弾み車の勢いは強まりつづけ、運用資産は二倍以上に増えて四兆ドルを突破した[3]。

バンガードの事例は、最高の弾み車の効果について、重要な点を示している。一つの要素を完璧にすれば、自然と次の要素へ、さらにその次へと押し出されていく。まるで連鎖反応のようだ。みなさんの弾み車を考えるとき、ただ静的な目標を書き連ね、それを円の形に並べて終わりというのは絶対に避けてほしい。弾み車は勢いに火をつけ、加速させるような**因果的連鎖**をとらえている必要がある。

知的規律をもって連鎖を正しくとらえると、深い戦略的洞察が得られることもある。スタンフォード大学経営大学院教授として戦略を教えていたロバート・バーゲルマンは一九八二年、教室いっぱいの学生（私もその一人だった）を前にこう語った。経営においても人生においても、最

▼注3
Erika Fry, "Mutual Fund Giant Vanguard Flexes Its Muscles," *Fortune*, December 8, 2016, http:// fortune. com/ vanguard -mutual-funds-investment/ ; "Fast Facts about Vanguard,"The *Vanguard Group, Inc*, https ://about.vanguard.com/ who-we-are/fast-facts/.

大の危険とは明らかな失敗ではない。そもそも**なぜ**自分が成功できたかを理解せずに成功することだ、と。バーゲルマンの洞察は、私が二五年にわたって偉大な会社を動かすものは何か、とりわけ栄光の座から凋落する会社があるのはなぜかを研究するうえで、常に頭の片隅にあった。自社の弾み車に勢いを与える、その根底にある因果要因をしっかり理解すれば、バーゲルマンの罠を避けることができるだろう。

優れた弾み車には永続性がある

戦略的誤りのなかでも最も重大な、そして最もよく見られるものの一つが、つかみとった勝利から積極的に、そして粘り強く、できるだけ多くの価値を引き出そうとしないことだ。経営者がこの誤りを犯す一因は、ひたすら「新たな金脈（The Next Big Thing）」を探すのに夢中になることだ。ときには本当に新たな金脈が見つかることもある。しかしわれわれの複数の研究からは、弾み車を正しく設計し、さらに刷新と拡張を続けていけば、驚くほどの永続性を持ち得ることが明らかになっている。組織が重大な戦略的転換点、あるいは破壊的変化を乗り越える力になることもある。ただ、そのためには**根底にある弾み車のつくりを、単一の事業あるいは活動分野と切り離してとらえる必要がある。**

それを説明するために、古典的事例を挙げよう。インテルのメモリチップからマイクロプロセッサへの「劇的な」大転換だ。インテルは創業初期に、ムーアの法則（「手

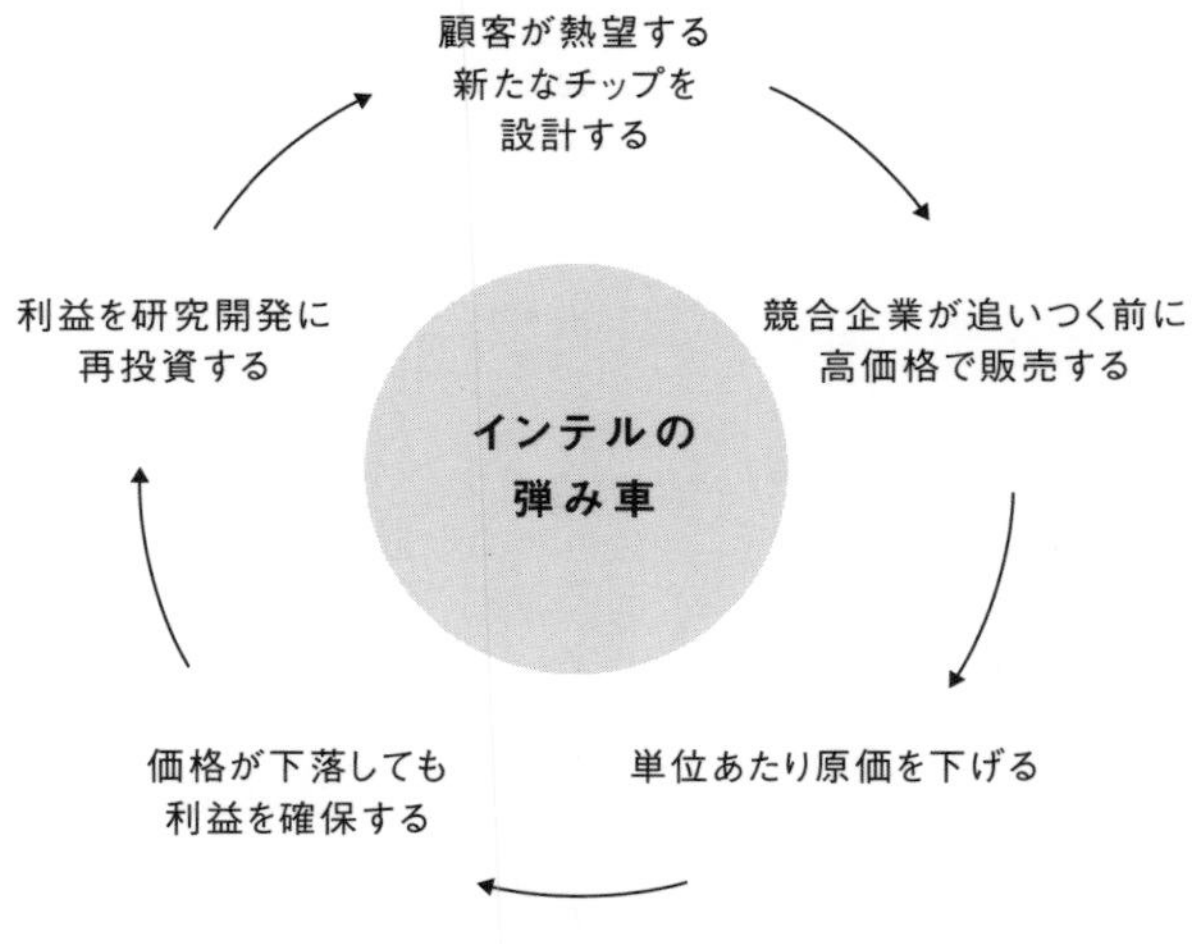

顧客が熱望する
新たなチップを
設計する
競合企業が追いつく前に
高価格で販売する
単位あたり原価を下げる
価格が下落しても
利益を確保する
利益を研究開発に
再投資する
インテルの
弾み車

頃なコストで実現できる半導体の集積率は一八カ月ごとに倍増する」という経験則）を利用した弾み車を構築した。

　この洞察を踏まえて、インテルの創業チームは戦略的累積の仕組みを作り上げた。顧客が熱望する新たなチップを設計する、競合企業が追いつく前に高価格で販売する、（スケールメリットによって）単位あたり原価を下げる、競争によって価格が下落しても利益を確保する、利益を次世代チップの研究開発に再投資する、というものだ。この弾み車は、インテルがスタートアップ企業からメモリチップ業界における偉大な企業に成長する原動力となった［4］。

　だがその後一九八〇年代半ばになると、メモリチップ業界は国際的な激しい価格競争に陥った。インテルの売上は落ち込み、利益は消え失せた。ＣＥＯのゴードン・ムーアと社長のアンディ・グローブは、厳しい現実に直面した。インテルのメモリチップ事業は経済的に存続不可能になり、持ち直す見込みもなかった。

▼注4
Robert N. Noyce, "MOSFET Semiconductor IC Memories," *Electronics World*, October 1970, 46; Gene Bylinsky ,"How Intel Won Its Bet on Memory Chips," *Fortune*, November 1973, 142-147,18 ; Robert N. Noyce; "Innovation : The Fruit of Success," *Technology Review*, February 1978, 24; " Innovative Intel," *Economist*, June 16, 1979, 94; Michael Annibale, "Intel: The Microprocessor Champ Gambles on Another Leap Forward," *Business Week*, April 14, 1980, 98;

グローブは名著『パラノイアだけが生き残る：時代の転換点をきみはどう見極め、乗り切るのか』に、答えがひらめいた瞬間を描いている。グローブはムーアにこう尋ねた。「僕らがクビになり、取締役会が新しいCEOを連れてきたら、彼は何をすると思う?」。ムーアはきっぱり答えた。「メモリ事業から撤退するだろう」。そこでグローブは言った。「それなら僕らがその扉を出ていき、また戻ってきて、自分たちでそれをやったらいいじゃないか」[5]。私はグローブとムーアが互いを指さし、「おまえはクビだ」と告げる場面をありありと思い浮かべることができる。廊下に出た二人は、再び互いを指さしてこう言う。「おまえに任せる」。新たな経営陣として執務室に戻った二人は「これでよし。メモリから撤退するぞ!」と言い合うのだ。

ここで次の問いを考えてみよう。この思い切った行動に出たとき、インテルはそれまでの弾み車を捨てたのだろうか。**答えはノーだ**。インテルは一〇年以上にわたり、メモリに加えてマイクロプロセッサ事業を育

:Mimi Real and Robert Warren, *A Revolution in Progress... A History of Intel to Date* (Santa Clara, CA: Intel Corporation, 1984), 4; Gordon E. Moore, "Cramming More Component s onto Integrated Circuits," *Proceedings of the IEEE*, January 1998, 82-83, Leslie Berlin, *The Man Behind the microchip* (New York, NY: Oxford University Press, 2005), 160, 170 -172; "Moore's Law," *Intel Corporation*, http://www.intel.com/technology/mooreslaw/.

成してきた。会社の根底にある弾み車のつくりは、メモリチップ同様マイクロプロセッサ・チップにもまったく問題なく適用することができた。もちろんチップの種類は違ったが、根底にある弾み車はほぼ同一だったのだ。

私は二〇〇二年にとあるイベントで、偉大な企業を創るというテーマでグローブと対談することになり、その準備としてまさにこの問題について議論する機会を得た。メモリ事業から撤退するという意思決定に話が及んだとき、グローブはこう言った。弾み車という視点で見ると、メモリからマイクロプロセッサへの大胆な転換は見た目ほど不連続なものではなかった、と。まったく新しい弾み車を作るために古いものをばっさり切ったというより、メモリからマイクロプロセッサに勢いを移管したというほうが実態に近かったのだ。インテルがメモリから撤退するときに根底にあった弾み車も捨てていたら、パソコン革命を支える主要な半導体メーカーにはなっていなかったはずだ。

▼注5
Andrew S. Grove, *Only the Paranoid Survive: How to Exploit the Crisis Points that Challenge Every Company* [New York, NY: Crown Business; 1st Currency Pbk. Ed edition, April 23, 2010], 85-89(『パラノイアだけが生き残る：時代の転換点をきみはどう見極め、乗り切るのか』佐々木かをり訳、日経BP、2017年).

真に偉大な会社において、成功をもたらす要因が特定の事業、製品、アイデア、あるいは発明であることはまずない。それはきちんと考えられた、根底にある弾み車のつくりである。弾み車を正しく設計すれば（そのうえで刷新や拡張を加えることで）、少なくとも一〇年、たいていはそれよりはるかに長い期間にわたって事業を正しい方向に導き、勢いを強める効果が期待できる。アマゾン、バンガード、インテルは環境変化に対応して弾み車を壊したりはしなかった。むしろ弾み車をまわしつづけることで、自らを取り巻く環境を変えたのだ。

これはただ漫然と、それまでやってきたことを繰り返すという意味ではない。進化、拡大、伸長していくことだ。バンガードはジョン・ボーグルが生み出した画期的な「S&P500インデックス投信」を売りつづけるのではなく、自社の弾み車のつくりに合致するような低コストの投信をさまざまな資産クラスで次々と開発していった。アマゾンは単にインターネットで本を販売するのではなく、弾み車を進化、拡張し、世界最大の包括的eコマースストアシステムを生み出した。さらにその弾み車を広げて独自デバイス（キンドルやアレクサ）の販売や、物理的店舗を構えた小売業への進出を果たした（アマゾンは二〇一七年に高級スーパーのホールフーズを買収した）。インテルは頑なにメモリチップにしがみつくのではなく、まったく新しいタイプの半導体に弾み車を当てはめていった。

もちろん、弾み車には絶対的な永続性があるなどと言うつもりはない。だがこの三つの事例にぜひ注目していただきたい。アマゾン、バンガード、そしてインテルは、いずれも非常に変化の激しい業界に身を置いている。そのいずれにおいても、根底にある弾み車は数十年にわたって成長を推進してきた。インテルはその後半導体から大きく事業領域を広げたが、当初の弾み車が三〇年以上にわたって偉大な会社として君臨する原動力になったという事実に変わりはない。バンガードの弾み車を支えるロジックは、まもなく誕生から五〇年を迎えるが、基本的に変わっていない。そして二〇一八年に本稿を執筆している時点では、アマゾンの弾み車は最初に構築されてから二〇年近く経つものの、刷新と拡張によって依然として揺るぎなく、妥当性を失っていない。

本稿の後段では、偉大な企業がどのように弾み車を刷新し、拡張していくかという話題にも触れる。ある日気づいたら、事業の根底にある弾み車がもはや機能しなくなっていた、あるいは破壊的変化によって壊れかけているという場合には、作り直すか、取り換える必要があるという事実を受け入れなければならない。しかし弾み車を捨てると決断する前に、まずは自分達がその根底にあるつくりを本当に理解しているのか、改めて確認すべきだ。すばらしい弾み車を維持し、刷新し、拡張するのが最良の戦略であるときに、それを放棄してはならない。

自社の弾み車を明確にする手順

では、どうすれば自社の弾み車を明確にできるのか。われわれのマネジメント研究所では、基本的プロセスを開発し、さまざまな組織とのソクラテス的対話を通じてそれを磨き上げてきた。

以下に基本的ステップを挙げよう。

一　あなたの会社が実現してきた、重要で再現可能な成功をリストアップする。ここには期待を大幅に上回る成果をあげた新たな取り組みや商品を含める。

二　失敗や失望のリストを作成する。ここには明らかな失敗あるいは期待を大幅に下回った取り組みや商品を挙げる。

三　成功と失敗のリストを比較し、こう自問する。「この成功や失敗から、弾み車の構成要素について何がわかるだろうか」

四　三で挙がった構成要素（四〜六個にとどめる）を使い、弾み車を描いてみる。どこからスタートするのか。ループの頂上には何が来るのか。次は何か。その次は？　それぞれの要素はなぜ直前のものの次に来るのか、きちんと説明できるようにする。ループの頂上に戻るまでの道筋を描いてみよう。このループが何度も繰り返され、勢いが蓄積されていく仕組みを説明できるだろうか。

五　構成要素が六を超えるのは複雑すぎる。弾み車の本質をとらえるように、いくつかを統合し、シンプルにしよう。

六　弾み車を使って、リストに挙げた成功や失敗を説明できるか試してみよう。実際の経験によって、その有効性を証明できるだろうか。これまでで最大の再現可能な成功を弾み車の直接的成果として、また最大の失敗を弾み車を実行あるいは順守できなかった結果として説明できるようになるまで、弾み車に修正を加えていく。

七　弾み車を、自社の**ハリネズミの概念**を構成する三つの円と照らし合わせてみよう。ハリネズミの概念は以下の三つの円が重なる部分をしっかり理解するところから生まれる、単純明快な自己認識だ。三つの円とは（一）自分達が情熱をもって取り組めるもの、（二）自社が世界一になれるもの、（三）経済的競争力を強化するものだ。弾み車はみなさんが心から情熱を抱いているもの、とりわけ会社の指針となる中核的目標や永続的な基本理念に合致するだろうか。世界一になれるものに依拠しているだろうか。経済的あるいは経営資源の競争力を強化するだろうか（本稿の付録として、ハリネズミの概念をはじめ、われわれの研究から生まれた概念を体系化し、概要をまとめた。それぞれの概念についての簡潔な定義も載せている。さらに良い企業から偉大な企業への飛躍の道筋において、弾み車がどのように位置づけられるかも示している。本文中で新たな概念に言及する際には太字にした）。

創業間もないベンチャー企業など、弾み車の構成要素がまだ整っていない組織の場合、他社の作った弾み車を参考にすることで、プロセスを一気に加速できる。ジム・ジェンテスは軽く空気抵抗の少ない自転車用ヘルメットを開発し、ジロ・スポーツ・デザインを創業した。ジロのヘルメットをかぶれば、サイクリングがより速く、涼しく、安全になる。世の中のヘルメットをかぶると、一九五〇年代のB級ホラー映画に出てくる無骨な怪物のように見えるが、ジロのヘルメットはカラフルでスタイリッシュだ。ロングビーチ・バイクショーに試作品を持ち込んだところ、たちまち八万ドル分の注文が集まった。ジェンテスは寝室が一つしかない自宅アパートに戻り、ガレージでヘルメットの製造を始めた［6］。

だがどうすればたった一つの製品から、持続性のある弾み車を作れるのか。そもそもガレージで活動するベンチャー企業に、そんなことが可能なのか。ジェンテスはナイキを研究し、重要なヒントを得た。スポー

▼注6
James C. Collins and William C. Lazier, *Managing the Small to Mid-Sized Company* (New York, NY: Richard D. Irwin Publishers, 1995), C47-C74.

ツ用品の場合、社会的影響力の階層がある。たとえばツール・ド・フランスの勝者があるヘルメットをかぶれば、熱心なアマチュア・サイクリストがそれを欲しがるようになり、それが徐々に下の階層へ降りていき、ブランド力が高まる。

ジェンテスはこの気づきを立証するため、なけなしの資金をはたいてアメリカ有数の自転車選手、グレッグ・レモンのスポンサーとなり、ジロのヘルメットをかぶらせた。一九八九年のツール・ド・フランスは接戦となり、勝利はパリでの最終ステージ、個人タイムトライアルで決することになった。レモンはタイムトライアル開始時に五〇秒のタイム差を背負っていたが、ジロの空気抵抗の少ないヘルメットでシャンゼリゼ通りを走り抜けて逆転、二三日間のレースをわずか八秒差で制した。突如として熱心なサイクリストのあいだで、ジロのヘルメットはかっこいい、ジロブランドなら何でもいいから手にいれたいという空気が生まれた［7］。

▼注7
James C. Collins and William C. Lazier, *Managing the Small to Mid-Sized Company* (New York, NY: Richard D. Irwin Publishers, 1995), C47-C74.

こうしてジェンテスは、ナイキの弾み車から得た重要なヒントを、すばらしい新製品を発明したいという情熱と組み合わせ、ジロをガレージのはるか先へと押し出す弾み車を作りあげた。最高の製品を生み出す、トップアスリートに使ってもらう、熱心なアマチュア・サイクリストが憧れの選手と同じ製品を使おうとする、一般消費者が魅力を感じる、より多くのアスリートが使い始めるなかでブランド力が高まる。その後は「かっこいい」イメージを維持するために価格を高く設定し、確保した利益をプロ選手が使いたくなるような次世代製品の開発に投資する。

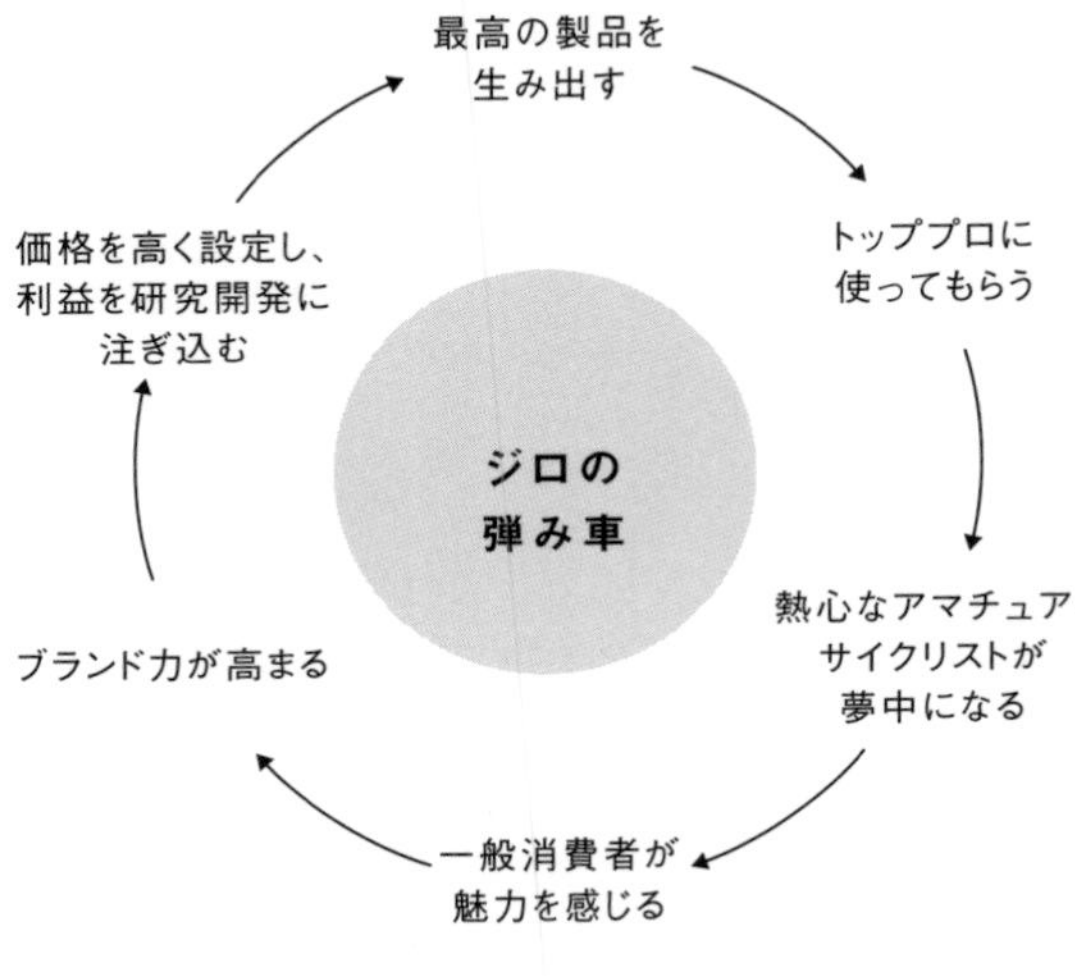

ジロの
弾み車
最高の製品を
生み出す
トッププロに
使ってもらう
熱心なアマチュア・
サイクリストが
夢中になる
一般消費者が
魅力を感じる
ブランド力が高まる
価格を高く設定し、
利益を研究開発に
注ぎ込む

弾み車は完全にユニークである必要はない。二つの成功企業が、同じような弾み車に依拠していることもある。一番大切なのは、自らの会社の弾み車をしっかり**理解**し、何度もループを繰り返すなかで一つひとつの構成要素を着実に**実行**することだ。

ジェラルド・テリスとピーター・ゴールダーは共著『意志とビジョン：マーケット・リーダーの条件』で、新たな事業領域の先駆的イノベーターが、最終的に圧倒的勝者となることはまれ（一〇%以下）であることを示した。同じように、ビジョナリー・カンパニー・シリーズを通じたわれわれの厳正な一対比較法（マッチトペア法）による分析でも、最初に市場に参入することと最高の業績を達成することとのあいだに相関は見られなかった。コンピュータ、ソフトウエア、半導体、医療機器といっ

▼注8

Jim Collins and Morten T. Hansen, *Great by Choice: Uncertainity, Chaos and luck— Why Some Thrive Despite Them All* (New York, NY: HarperBusiness, 2011), 76（『ビジョナリー・カンパニー4 自分の意志で偉大になる』牧野洋訳、日経BP、2012年）; Brad Stone, *The Everything Store* (New York, NY: Little, Brown and Company, 2013), 34（『ジェフ・ベゾス 果てなき野望：アマゾンを創った無敵の奇才経営者』、井口耕二訳、日経BP、2014年）.

たイノベーション集約型産業においてさえ、それは同じだった。

アマゾンやインテルが誕生したときには、すでに市場には先行企業が存在した。DRAMチップ市場に参入したのは、インテルよりもアドバンスト・メモリ・システムズのほうが早かった。オンライン書籍販売を開始したのは、アマゾンよりブックス・ドットコムが先である[8]。誤解のないように言っておくと、産業史に残る成功を収めた企業のイノベーションは、いずれも自らの産業で競争するのに必要な閾値を超えていた。ただ圧倒的勝者とその他を分けた真の要因は、早期に手にした成功を持続的な弾み車に転換する能力であり、たとえ先行企業に後れをとってもそれは問題ではなかった[9]。

▼注9
Gerard J. Tellis and Peter N. Golder, *Will & Vision* [New York, NY: McGraw-Hill, 2002], 257(『意志とビジョン:マーケット・リーダーの条件』伊豆村房一訳、東洋経済新報社、2002年); Jim Collins, *Good to Great: Why*

ＣＥＯだけの問題ではない

ここまで読んで、こんな疑問を抱いている読者もいるかもしれない。「大組織の奥深くに埋もれたユニット（部門）リーダーに過ぎない自分に、弾み車など作れるのか」と。もちろん、作れる。それを示す、あるユニットリーダーの事例を紹介しよう。たった一つの小学校という枠のなかで、弾み車を活用した校長の話だ。

デビー・グスタフソンが新校長として着任したフォートライリー陸軍基地内にあるウエア小学校は、生徒の成績が悪く、カンザス州が初めて「要改善」と指定した学校の一つだった。全校生徒のうち、学年相当の読解力に達していたのは、わずか三分の一だった。問題は生徒の移動率（保護者の戦地への派兵や異動のため）が高いことだけでなく、教師の移動率も三五％と高かったことだ〔10〕。さらにこの学校の生徒たちは、特別な

Some Companies Make the Leap and Others Don't (New York, NY: HarperCollins Publishers In c., 2001), 19, 152, 158（『ビジョナリー・カンパニー2　飛躍の法則』山岡洋一訳、日経ＢＰ、２０１１年）; Jim Collins and Morten T. Hansen, *Great by Choice: Uncertainity, Chaos and Luck— Why Some Thrive Despite Them All* (New York, NY: Harper Business, 2011), 70-71, 72-73, 76, 89 -90, 168（『ビジョナリー・カンパニー4　自分の意志で偉大になる』牧野洋訳、日経ＢＰ、２０１２年）; Jim Collin s and Jerry I. Porras, *Built to Last: Successful Habits*

困難を抱えていた。戦時中の軍関係者の家族特有のストレスだ。自分の父親や母親がふつうの仕事で出張するのと、戦闘地域に配置されるのはまるで違う。「この子達の教育には先送りは許されない」とグスタフソンは自らに言い聞かせた。彼らが一年生、二年生で落ちこぼれ、満足な読解力を身につけずに転校してしまったら、教師としてそれを取り戻す機会はない。「落ちこぼれを出すことは許されない」。

教育とは取引ではなく、人と人との関係だ。そして良好な関係は、協力と相互への敬意がなければ成り立たないとグスタフソンは考えていた。親が戦地に送られ、家族が国家のために犠牲を払わなければならない状況で、子供達が教師のあいだの不和や対立を感じるようなことがあってはならない。全教員が子供達の味方であり、子供達を支援するという使命の下に団結しているという安心感を持たせる必要がある。グスタフソンは『ビジョナリー・カンパニー［特別編］』を読んだとき、弾み車の概念は自分の学校にも応用できることがすぐにわかった、と振り返

of Visionary Companies (New York, NY: Harper Business, 1994), 25-26 (『ビジョナリー・カンパニー　時代を超える生存の原則』山岡洋一訳、日経BP、1995年).

▼注10
著者によるデビー・グスタフソンのインタビューより；Karin Chenoweth, "The Homework Conundrum," *The Huffington Post*, March 12, 2014, http://www.huffingtonpost.com/KarinChenoweth/the-homework-conundrum_b_4942273.html.

る。「弾み車をまわすというくだりを読んだときには、興奮して椅子から飛び上がった。全員が弾み車を同じ方向に押すようになれば、自然とすべてがうまくいくようになるという考えはすばらしいと思った」

グスタフソンは、地区教育長やカンザス州教育委員長、あるいはアメリカ教育長官が、義務教育制度全体の弾み車を整えるのを待とうとはしなかった。自分の学校でユニットレベルの弾み車をつくることに全力で取り組みはじめた。

弾み車のステップ一は「情熱ある教師を選抜する」だ。「カンザスの田舎の基地では、経験豊富な教師を採用するのは難し

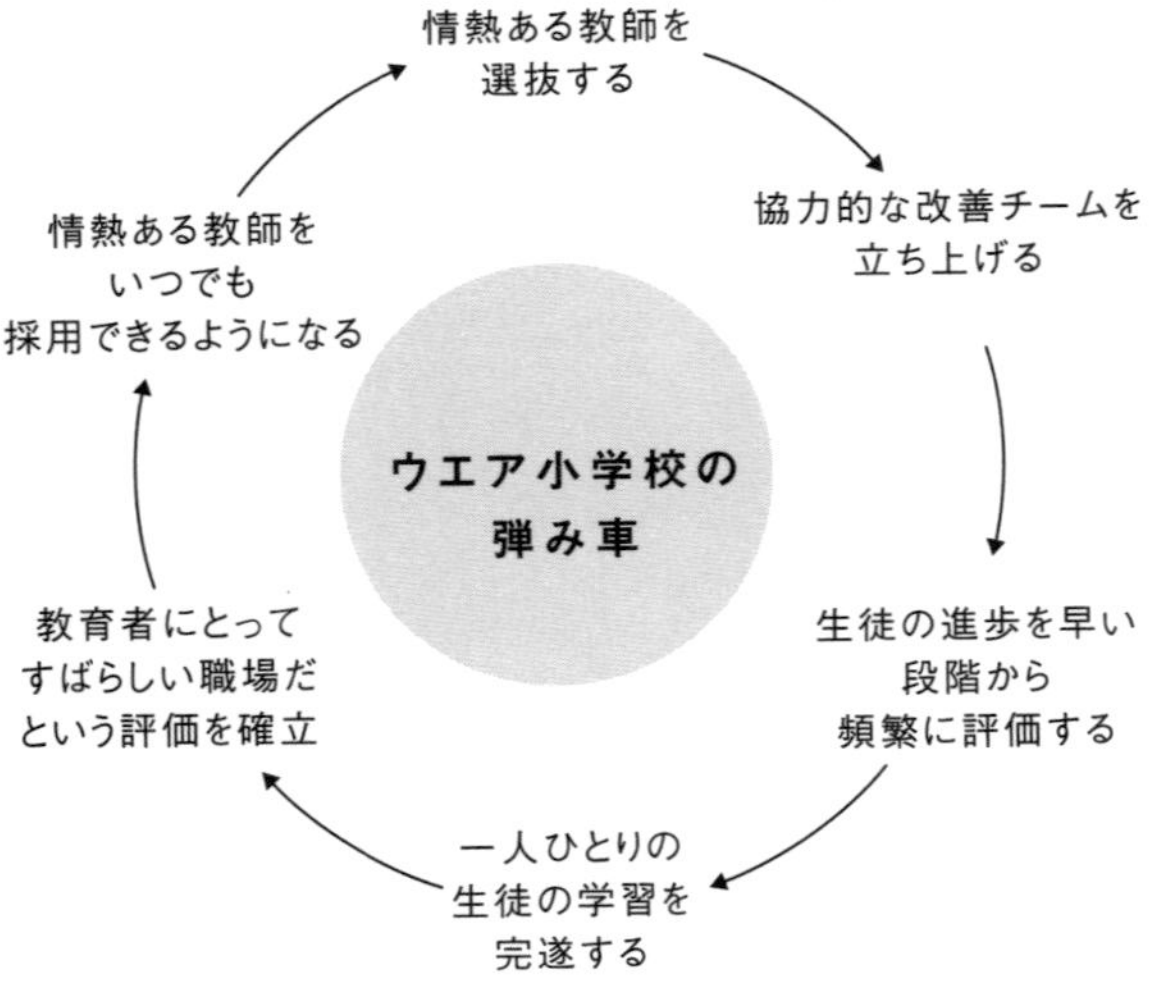

ウエア小学校の
弾み車
情熱ある教師を
選抜する
協力的な改善チームを
立ち上げる
生徒の進歩を早い
段階から
頻繁に評価する
一人ひとりの
生徒の学習を
完遂する
教育者にとって
すばらしい職場だ
という評価を確立
情熱ある教師を
いつでも
採用できるようになる

い。だから未経験でも情熱があり、可能性を秘めた人材の採用に力を入れた。正しい価値観やあふれんばかりの情熱がある人なら、有能な教師に育てることは可能だと考えた」とグスタフソンは説明する。校内に満ち溢れた情熱的エネルギーは弾み車を回転させるのに不可欠だが、正しい方向性を与え、うまく活用する必要がある。経験の乏しい教師を、何の準備も整えずに教室に放り込んでも意味がない。

そこで必然的に弾み車のステップ二「協力的な改善チームを立ち上げる」に移行する。すべての教師は、ウエア小学校のあるべき文化を体現するベテラン教師の率いるチームに加わる。この仕組みによって校内にまとまりと勢いが生まれた。各チームは協力的改善会議として少なくとも週一回は集まり、アイデアを共有し、フィードバックを受け取り、個々の生徒の学習進度を議論し、ウエア流教授法を改善していった。

ただもちろん、自らの教え方の有効性や個々の生徒の進歩がわからなければ、改善はできない。そこで弾み車のステップ三「生徒の進歩を早い段階から頻繁に評価する」が出てくる。絶え間なくデータが供給され、それがチーム内で共有、議論されると、エネルギーが生まれた。「すべての子供について成果をあげよう！」「一人も落ちこぼれにさせない！」「一人ひとりの子供が大切だ！」と。各教師とチームは学習が遅れている可能性のある子供を支援するため、目標や特別な計画を作成した。四半期に一度、各チームと学校の指導層が会議を開き、それぞれの生徒に合わせた計画を改善することで、弾み車の勢いはますます強まり、ステップ四「一人ひとりの生徒の学習を完遂する」へと進んでいった。グスタフソンとウエア小学校の教師たちは、学年相当の読解力を持っている生徒の割合が三五％を下回っていた学校を大きく変えた。改革初年度にはこの割合が五五％に、三年目には六九％に、五年目には九六％に上昇、七年目以降はずっと九九％を維持している[11]。

これが弾み車ステップ五につながった。生徒の学力を高めるだけでなく、教育者にとってすばらしい職場だという高評価を得るのだ。それが

▼注11
著者によるデビー・グスタフソンへのインタビューより；Karin Chenoweth,

ステップ六「情熱ある教師をいつでも採用できるようになる」という状況を生んだ。この過程でウエア小学校は、カンザス州立大学の職能開発指定校となった。教育実習生やインターンが絶え間なく訪れるようになり、弾み車の勢いを一段と高めた。「学校に教師としての可能性を持った情熱ある人材が来るようになり、しかもたちまちこの学校に夢中になった」とグスタフソンは語る。「重要なのは学校の文化、人間関係、そしてチームメートと協力しながら子供達のために向上し、成果を出そうとする姿勢だ。この学校にふさわしい人々は、そこに魅力を感じてくれる。おかげで情熱ある人材の供給が途切れず、何年も何年も弾み車を回しつづけることができた」。本稿執筆時点で、グスタフソンが作ったウエア小学校の弾み車は一五年以上もまわり続け、毎年九〇〇人以上の基地の子供達がその恩恵に浴している[12]。

"How it's Being Done: Urgent Lessons from Unexpected Schools - Student Services Symposium," *The Education Trust*, May 17, 2010, 24-26.

▼注12
著者によるデビー・グスタフソンへのインタビューより。

大組織の一隅を照らすように、ユニットレベルで偉大さを生み出すグスタフソン校長のようなリーダーは、所属する組織やシステムが完璧な状況を提供してくれるのを漫然と待っていたりはしない。自分の責任の範囲内で、どうすれば弾み車効果を引き出せるか考える。あなたの職業が何か、勤務先の規模は大きいのか小さいのか、営利企業か非営利企業か、CEOなのかユニットリーダーなのかといったことは問題ではない。答えるべき問いは、常に同じである。**あなたの弾み車はどんなつくりになっているのか。**

弾み車効果は、社会運動やスポーツのトップチームにも見られる。人気ロックバンドや巨匠と呼ばれる映画監督、選挙で勝利する陣営、戦争に勝利する軍事作戦などにも見られる。誰よりも成功する長期投資家や、誰よりも社会的影響力の大きい慈善事業家にも見られる。尊敬を集めるジャーナリスト、ベストセラー作家も同じだ。一見しただけではわからないかもしれないが、真に永続性のある偉大な事業をよく見ると、弾み車がまわっている。

弾み車にどのように手を加え、拡張していくかという問題に移る前に、この概念がどれほど広い分野に当てはまるかを示す事例を紹介しよう。この項の最後に登場するのは、オーハイ音楽祭というきわめてクリエイティブな非営利組織だ。毎年夢のような場所に一流の音楽家や作曲家を集め、胸躍る音楽体験をプロデュースしている。

オーハイ音楽祭の弾み車は、常識にとらわれない傑出した人材を集めるところから始まる。音楽監督には毎年異なる音楽家が任命される。初期にはイーゴリ・ストラヴィンスキーやピエール・ブーレーズ、近年ではバイオリニストのパトリシア・コパチンスカヤ、ピアニストのビジェイ・アイアーなどが個性豊かな才能を存分に発揮して、創作活動をゼロからスタートさせた[13]。まるで毎年、何も課題を与えずにまっさらな

▼注13
"About," *Ojai Music Festival*, https://www.ojaifestival.org/about/; "Milestones," *Ojai Music Festival*, https://www.ojaifestival.org/about/milestones/.

キャンバスを用意するようなものだ。監督に期待されるのは、傑作を完成させることだけである。本当のキャンバスと違うのは、完成するのが絵ではなく、芸術家と聴衆をともに包み込むような音楽体験であることだ。

「オーハイ音楽祭が傑出した才能を招き続けることができるのは、主に二つの理由からだ」と説明するのは、二〇年近く音楽祭の芸術監督を務めてきたトム・モリスだ。「第一に、音楽家が『この人たちと演奏したい』と思うような顔ぶれを集めていること。第二に、音楽家に創造力を解き放つ機会を提供するためだ。この音楽祭はいわば大きなスノードームだ。ドームを振って、何が舞い降りてくるか楽しみに待つんだ」[14]

弾み車の次のステップは、厳しい制約から生まれる。音楽祭はわずか四日で幕を閉じる。並外れた創造力、スノードームの雪のように舞い上がったアイデアも、すべて限られた時間内のプログラムに落とし込まなければならない。最高のアイデアを含めて、湧き出たアイデアのほとん

▼注14
著者によるトム・モリスへのインタビューより。

どが最終的にはカットされる。ここで重要になるのが、自由な創造力から始まった弾み車を、どうやって地域社会による強力なサポートに結びつけるかだ。「僕らは聴衆に鑑賞してもらおうとは思わない。刺激を与え、熱烈な反応を呼び覚まそうとしている」とモリスは説明する。

モリスが例に挙げるのは、オーハイのある住民のエピソードだ。「この手の音楽は好かない」という理由で、ずっと音楽祭に寄りつかなかった。だがある日、この男性は「イヌクシュク」の演奏の場に偶然足を踏み入れた。広い空間で九人から九九人のパーカッション奏者が演奏する、ジョン・ルーサー・アダムズの作品だ。「足を踏み入れた」と言っても、はるか遠くのステージでオーケストラが演奏する音楽ホールに入ったわけではない。奏者達は公園の木々の間や小道のそこかしこに散らばって演奏していた。まるであらゆる方向から、音で聴衆を包み込むように。そんななかへ男性は足を踏み入れたのである。トムトムやシンバル、トライアングルやグロッケンシュピール、号笛、ピッコロ、そして大きさも形もさまざまな太鼓が鳴り響いていた。静かに始まった演奏は徐々に大音響となり、再び静かになり、最後は聞こえなくなった。木々のあいだから聞こえる鳥のさえずりまでが演奏にとけ込んでいた。奏者達は時折場所を変え、なかには木に登る者もいた。聴衆も公園内を自由に歩き回った。そのすべてを包み込むように演奏は続いた[15]。弾み車がゴロンとまわり、それまで「この手の音楽は好かない」と斜に構えていた住民男性はたちまち魅了され、音楽祭の熱狂的サポーターに変身した[16]。

モリスをはじめとする音楽祭の主催者

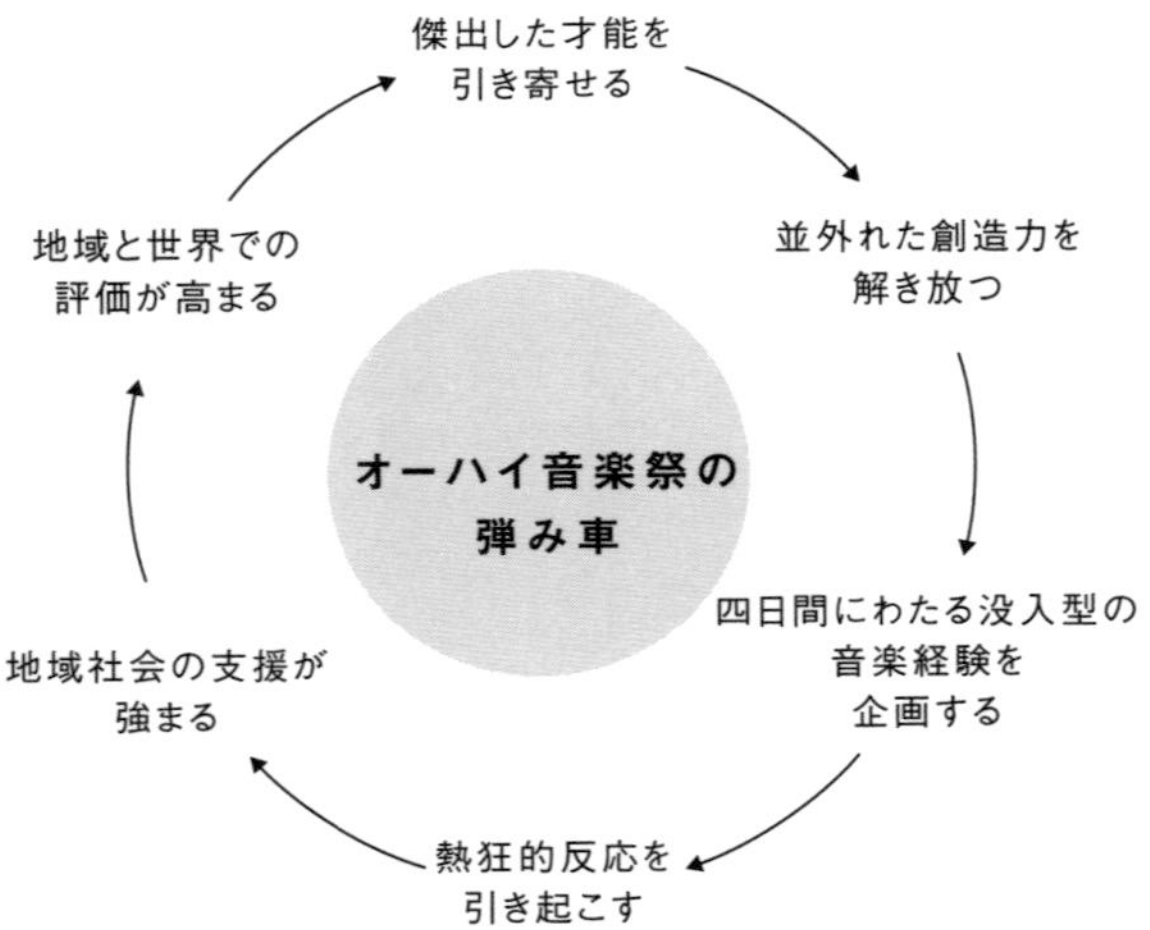

は、熱心な聴衆ほど自分も演奏にかかわりたい、刺激を受け、試され、驚き、息をのみ、圧倒されたいと願っていることをわかっていた。聴衆は時間が経てば忘れてしまうような「心地よい鑑賞」など望んではいない。精神を高揚させ、ずっと心に残るような斬新な音楽経験によって成長したいと望んでいる。音楽祭がこの希望に応えるたびに、弾み車はまわり、資源のエンジンにエネルギーが補給され、オーハイの評価は高まり、新たに傑出した才能が集まる。そして再び新たな傑作が生まれ、弾み車がもう一回転する。

▼注15
"Inuksuit, John Luther Adams, and Ojai," *Ojai Music Festival*, https://www.ojaifestival.org/inuksuit-john-luther-adams-and-ojai/.

▼注16
著者によるトム・モリスへのインタビューより。

実行と革新

弾み車に新たな命を吹き込む

弾み車を正しく設計すると、次は勢いを加速するためにどこを改善すればよいかという問いが出てくる。弾み車には、すべての構成要素は他の要素に依拠するように正しい順序で並んでいる、という性質がある。**つまり重要な構成要素の一つでもおろそかにすると、勢いを維持できなくなる。**

こんなふうに考えてみよう。あなたの弾み車には六つの構成要素があり、そのパフォーマンスを一から一〇までの尺度で評価するとする。六つの実行状況の評価が九、一〇、八、三、九、一〇だったらどうか。結局、弾み車は評価三の要素のところで止まってしまうだろう。勢いを取り戻すためには、三の要素を少なくとも八まで引き上げなければならない。

弾み車を正しく設計し、実行すると、一貫性と変化の両方が生まれる。弾み車の累積効果を最大限引き出すには、十分長い期間にわたってまわしつづける必要がある。一方、弾み車をまわしつづけるには、常に見直し、一つひとつの構成要素を刷新していく必要がある。

ジェリー・ポラスと私は『ビジョナリー・カンパニー　時代を超える生存の法則』のなかで、永続性のある偉大な会社を創る者は、「ＯＲの抑圧」（物事はＡかＢのいずれかであり、両方であることはないという見方）を拒絶し、**「ＡＮＤの才能」**によって自らを解放すると指摘した。ＡかＢのどちらかを選ぶのではなく、ＡとＢの両方を手にする方法を見出すのだ。こと弾み車について言えば、ＡＮＤの才能をフルに発揮し、弾み車を維持するとともに刷新していく必要がある。

クリーブランド・クリニックが世界で最も尊敬される医療機関の一つになったのは、ＡＮＤの才能を発揮し、その弾み車に一貫性と変化の両方を持たせたからだ。クリーブランド・クリニックの弾み車の起源は、その創業時にさかのぼる。創業者となった三人の医師は第一次世界大戦に従軍し、そこで軍隊におけるチームワークに感銘を受けた。戦場から運ばれてきた兵士を手当てするとき、「この治療に保険はきくのか？

治療すればボーナスは出るのか?」などと聞く者はいない。仲間の医師と力を合わせ、持てる技術を駆使してできるだけ多くの命を救い、愛する人の待つ家へ帰そうとするものだ。

これはまさに人生を変えるような経験だった。三人は戦争が終わったらまったく新しい医療機関を作ろうと誓い合った。患者を第一に考える人材を集め、真に協力的な文化を醸成するのだ、と。クリーブランド・クリニックは創設当初から、診察した患者数や手がけた手術の数に応じた特別ボーナスを排し、固定給で働く一流の医師を集めることに力を入れてきた。医師にとっては「患者にとって最良の治療をする」という唯一無二の目標に向けて、世界トップクラスの同僚とともに働くことが動機づけとなるからだ。クリーブランド・クリニックの弾み車は、患者の治療をひたすら改善しようとする文化のなかで適切な人材を働かせるところから始まる。それによってより多くの患者が集まり、経営資源が充実する。すると設備が一段と改善され、適切な人材がさらに多く集ま

▼注17
著者によるトビー・コスグローブ博士へのインタビューより;Toby Cosgrove, *The Cleveland Clinic Way: Lessons in Excellence from One of the World's Leading Health Care Organizations* (New York, NY: McGraw-Hill Education, 2013).

り、弾み車が回転する[17]。

二〇〇四年にクリーブランド・クリニックCEOに就任したトビー・コスグローブ博士は、弾み車の精神とロジックの両方を深く理解していた。若い頃には軍医としてベトナム戦争に従軍し、ある病院の責任者となった。創業者らと同じように、コスグローブもチームとして活動すること、そして戦場から負傷兵が送られてくる混乱状況のなかで任務を遂行するには、異なるスキルを持った多様な人材の能力を活用することが重要だと身を持って学んだ。一九七五年に心臓外科医としてクリーブランド・クリニックに加わり、心臓外科部門がUS

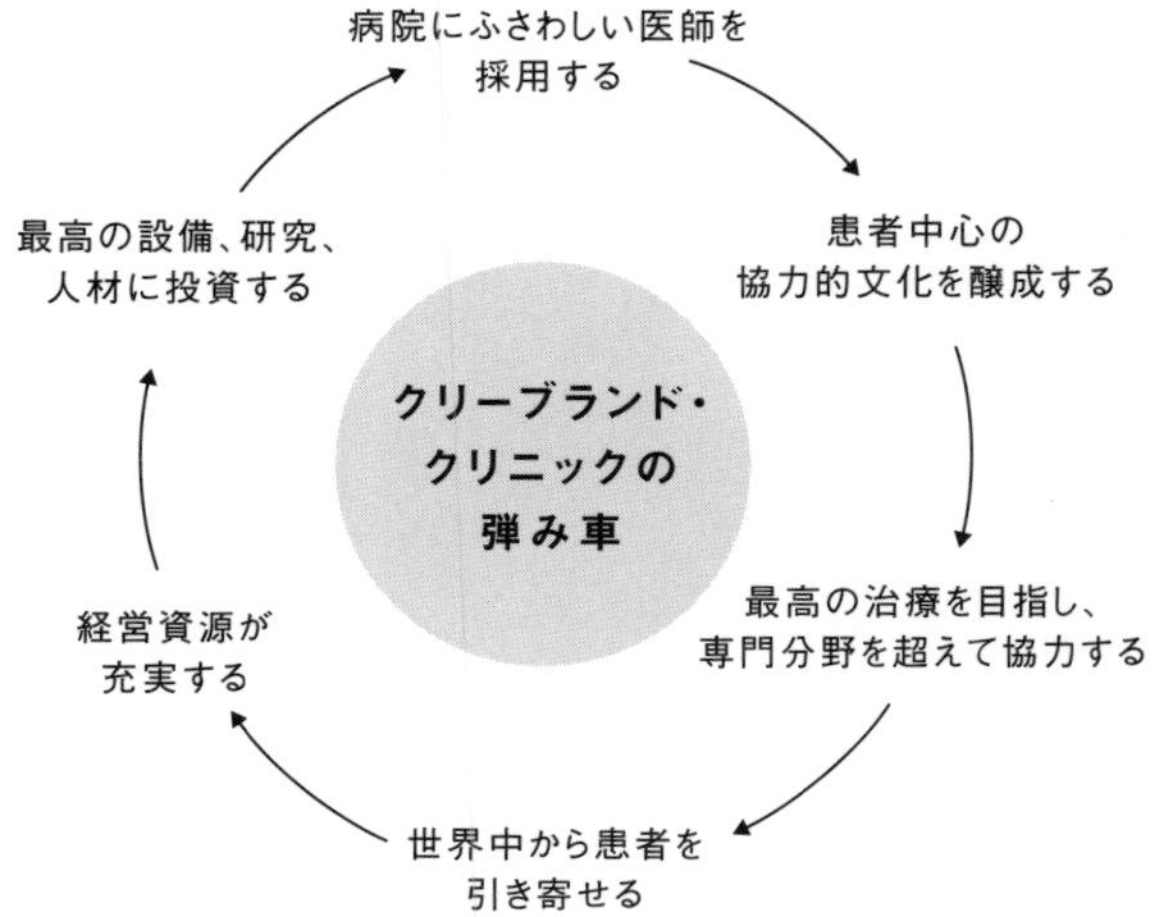

クリーブランド・クリニックの弾み車
病院にふさわしい医師を採用する
患者中心の協力的文化を醸成する
最高の治療を目指し、専門分野を超えて協力する
世界中から患者を引き寄せる
経営資源が充実する
最高の設備、研究、人材に投資する

ニューズ&ワールドレポートのランキングで全米首位に立つうえで主導的役割を果たした。

だがこれほどの成功を収めても、クリーブランド・クリニックはもう一度患者第一の原点に立ち戻らなければならない、とコスグローブは感じていた。患者により良いサービスを提供するには、何を変え、改良し、創造する必要があるのか、自らに、そして同僚達に問いつづけた。そうして得られた気づきの一つが、専門(外科学、心臓病学など)に基づく従来の組織構造は、専門を超えて患者のために協力することより、医療界の伝統を優先しているのではないか、ということだ。そこで組織構造を改革し、「ミラーファミリー心血管研究所」など患者のニーズを中心にした研究所を設立、そこに関連する専門分野の医師を集結させた。

コスグローブは著書『ザ・クリーブランド・クリニック・ウェイ(未邦訳)』で、弾み車を刷新するために実施した数多くの変更を詳述している。変更は大きいものや小さいもの、戦略的なものや戦術的なもの、

▼注18
著者によるトビー・コスグローブ博士へのインタビューより；Toby Cosgrove, *The Cleveland Clinic Way: Lessons in Excellence from One of the World's Leading Health Care Organizations* (New York, NY: McGraw-

構造的なものや象徴的なものなどさまざまだ。二〇〇四年から一六年にかけて弾み車の勢いは一気に高まり、クリニックの収入、来院患者数、研究資金はいずれも倍増した。さらにオハイオからフロリダ、アブダビまで、世界各地にクリーブランド・クリニックのブランドを冠した医療機関を開設した。弾み車の構成要素は刷新したが、**捨てたわけではない。**「根底にあるのは、以前のままの弾み車だ。それに新たな息吹を吹き込んだのだ」とコスグローブは語る[18]。

弾み車が失速あるいは動かなくなる理由は二つ考えられる。一つは、根底にある弾み車に問題はないが、一つひとつの構成要素の革新、完璧な実行ができていないことだ。この場合、弾み車に新たな息吹を吹き込む必要がある。もう一つは、根底にある弾み車がすでに有効性を失い、大がかりな変更が避けられなくなっていることだ。どちらが当

Hill Education, 2013); "Toby Cosgrove, M.D., Announces His Decision to Transition from President, CEO Role," *Cleveland Clinic*, May 1, 2017, https://newsroom.clevelandclinic.org/2017/05/01/toby-cosgrove-m-d-announces-decision-transition-president-ceo-role/; Lydia Coutre, "The Cosgrove Era Comes to a Close," *Cleveland Business*, December 10, 2017, http://www.crainscleveland.com/article/20171210/news/145131/cosgrove-era-comes-close.

てはまるのか、正しく見きわめる必要がある。

長い時間（数十年）が経過するなかで、弾み車は大きく変化することもある。構成要素の変更、削除、修正。あるいは要素の範囲を狭める、広げる、並び順を変えることもあるだろう。こうした変化はまったく新しい活動や事業を発見、創造するといった発明プロセスの産物のこともあれば、会社が**厳しい現実を直視し**、弾み車の存続を脅かす脅威に**建設的パラノイア**で立ち向かった結果のこともある。

たとえば数百万人の個人情報を集めることでビジネスモデルが成り立っている会社があるとしよう。経営陣は万一データ流出が起きれば、弾み車の存続が危うくなると気づいた。そこで経営陣はプライバシーを保護し、信頼を獲得するための構成要素を弾み車に追加しようと決める。弾み車のその他の構成要素は変わらないが、この新しい重要な構成要素を追加しなければ、ある朝気づいたら会社消滅の危機に瀕しているといったことになりかねない。

とはいえ、弾み車の順序や構成要素をしょっちゅう変えなければならない気がするのなら、それはもとの弾み車の設計が誤っていた可能性が高い。すばらしい弾み車の可能性が尽きる、根本的に機能しなくなるといったことはめったに起こらない。往々にして勢いが衰える原因は、弾み車の実行が不十分、あるいは基本的には健全な弾み車の構造のなかで刷新や拡張ができていないことだ。次はこの弾み車の拡張に目を向けよう。

弾み車の拡張

偉大な会社は、どうやって弾み車を拡張しているのか。その答えとなるのが、私がモートン・ハンセンとの共著『ビジョナリー・カンパニー4 自分の意志で偉大になる』で示した概念だ。われわれは同書で、変化の激しい業界において「10X型企業」（同業他社と比べて投資家リターンが一〇倍以上）となった小規模なベンチャー企業を体系的に分析した。比較対象としたのは、まったく同じ環境でそれほどの成功を収められなかった企業である。そこで明らかになったのは、どちらも大きな賭けに出たが、その方法には大きな違いがあったことだ。大成功を収めた10X型企業は、うまくいくという実証的有効性が確認できてから大きな賭けに出る傾向があったのに対し、成功しなかった比較対象企業は実証的有効性を確認する前に賭けに出る傾向があった。この違いを示すために、われわれが生み出した概念が**「銃撃に続いて大砲発射」**である[19]。

つまりはこういうことだ。敵の戦艦がこちらへ向ってくるとしよう。手持ちの火薬は限られている。火薬を全部使って巨大な大砲を撃ったところ、砲弾は飛んで行き、海に落ちた。迫りくる敵艦には届かなかった。振り向くと、貯蔵箱はすでに空っぽ。これでは困ったことになる。

一方、敵艦を目にしたときに火薬を少しだけ使い、銃弾を撃ったらどう

▼注19
Jim Collins and Morten T. Hansen, *Great by Choice: Uncertainty, Chaos and Luck — Why Some Thrive Despite Them All* (New York, NY: HarperBusiness, 2011), Chapter 4（『ビジョナリー・カンパニー4 自分の意志で偉大になる』牧野洋訳、日経BP、2012年）.

か。一発目は角度が四〇度ほどずれていた。もう一度火薬を詰め、撃つ。今度は三〇度ずれた。三発目で誤差は一〇度に縮まった。次の弾はズドンと敵艦に命中した。精度が調整できたのだ。これが実証的有効性である。あとは残りの火薬をすべて使い、調整済みの精度で巨大な大砲を発射するだけだ。敵艦を撃沈できる。

これまでの研究に登場する偉大な企業の歴史を振り返ると、頻繁に出現するパターンがある。こうした企業の多くは、まず特定の事業分野で成功を収める。創業期の大きな賭けの成果を最大限享受するのだ。だがまもなく「一つの事業を運営する」という発想から、「弾み車をまわす」に転換する。そしてまず銃弾を、続いて砲弾を発射し、時間をかけて弾み車を拡張していく。最初に成功した分野で弾み車をまわすのと並行して、不確実性への備えとして、成功する可能性を秘めた新しい事業を見つけるために銃弾を発射するのだ。

どこにも当たらない銃弾もあるが、やがて十分な実証的有効性が得られ、会社はそれを踏まえて砲弾を撃つ。それで勢いは一気に強まる。拡張部分が弾み車の勢いの大部分を生み出すようになり、(インテルがメモリチップからマイクロプロセッサに移行したときのように)それまでの弾み車に完全に置き換わってしまうケースもある。

アップルが弾み車を拡張し、携帯用スマート・デバイスという最大の事業に発展させていったのは、まさにこのパターンだ。二〇〇二年時点で、アップルの弾み車の勢いのほとんどは「マッキントッシュ」のパソコン事業から生まれていた。だがすでにアップルは「iPod」というささやかな銃弾を発射していた。二〇〇一年の財務資料には、パソコン戦略の「自然な延長上にある重要な製品」とだけ説明されている。

二〇〇二年の「iPod」の売上は、アップル全体の三%に満たなかった。

アップルは「iPod」のための銃弾を次々と発射し、その過程でオンライン・ミュージックストア「iTunes」を生み出した。銃弾は命中しつづけ、「iPod」は徐々に弾み車に勢いを加えるようになった。そして最後にアップルは巨大な砲弾を発射した。「iPod」と「iTunes」に大きく賭けたのだ。その後も「iPhone」、さらには「iPad」へと、弾み車の拡張は続き、勢いの大部分は拡張部分から生じるようになった[20]。

次ページの表には、産業史に残るすばらしい弾み車の拡張例を多数挙げた。どの会社も、長年まわしてきた根底にある弾み車を拡張し、加速するために「銃撃に続いて大砲発射」という手法を用いている。

既存の弾み車を拡張するかたちで始まった新たな事業は、どの段階で第二の弾み車として独立するのか。「第二の弾み車」の多くは、最初の

▼注20
Jim Collins and Morten T. Hansen, *Great by Choice: Uncertainity, Chaos and Luck— Why Some Thrive Despite Them All* (New York, NY: HarperBusiness, 2011), 91-95(『ビジョナリー・カンパニー4 自分の意志で偉大になる』牧野洋訳、日経BP、2012年).

会社名	弾み車で最初に成功した事業分野	弾み車を拡張した事業分野
3M	研磨用品（サンドペーパーなど）	接着用品（セロテープなど）
アマゾン	インターネットを活用した消費者向け小売業	クラウドを活用した企業向けウェブサービス
アムジェン	血球増殖薬	炎症、癌の治療薬
アップル	パソコン	携帯用スマート・デバイス（iPod, iPhone, iPad）
ボーイング	軍用機	ジェット旅客機
IBM	会計機	コンピュータ
インテル	メモリチップ	マイクロプロセッサ
ジョンソン・エンド・ジョンソン	医療・外科用品	消費者向けヘルスケア用品
クローガー	小規模な食料品店	大規模な総合スーパー
マリオット	レストラン	ホテル
メルク	化学品	医薬品
マイクロソフト	コンピュータ言語	オペレーティングシステムとアプリケーション
ノードストローム	靴店	百貨店
ニューコア	鉄鋼梁	鉄鋼
プログレッシブ保険	標準外（高リスク）自動車保険	標準自動車保険
サウスウエスト航空	低価格州内路線（テキサス州のみ）	低価格州間路線（アメリカ東西海岸を結ぶ）
ストライカー	病院用ベッド	外科用デバイス
ウォルトディズニー	アニメ映画	テーマパーク

弾み車を「銃撃に続いて大砲発射」方式で拡張した結果、自然とできあがったように見える。アマゾンがアマゾン・ウェブ・サービス（AWS）を生み出したのは、まさにこのパターンだ。AWSは大小さまざまな組織に、効率的なコンピューティング能力の調達、データ保管、ウェブサイトのホスティングのほか、さまざまなテクノロジーサービスを提供している。もとはアマゾンのeコマース事業に、バックエンドの技術支援を提供する社内システムとして発足した。二〇〇六年、アマゾンは同じサービスを社外の企業に提供する、という銃弾を発射した。銃弾は的に命中し、大砲を発射するのに十分な準備が整った。一〇年後、AWSはアマゾンの営業利益の相当部分を生み出すようになった（売上高への貢献度は一〇％にも満たなかったが）［21］。

AWSは一見、消費者向け小売業とはまったく異なる活動に見えるが、本質的にはかなり類似点がある。ベゾスは二〇一五年、株主への手紙にこう書いている。「表面的には二つの事業はまるで違う。一方は消

▼注21
Amazon, *Fiscal 2015 Annual Letter to Shareholders* [Seattle, WA: Amazon, 2015]; Amazon, *Fiscal 2016 Annual Report* [Seattle, WA: Amazon, 2016]; Amazon, *Fiscal 2017 Annual Report* [Seattle, WA: Amazon, 2017]; Alex Hern, "Amazon Web Services: the secret to the online retailer's future success," *The Guardian*, February 2, 2017, https://www.theguardian.com/technology/2017/feb.02/amazon-web-services-the-secret-to-the-onlineretailers-

費者に、もう一方は企業にサービスを提供している。（中略）しかし本質に目を向ければ、両者はそれほど違わない」。AWSは増え続ける顧客に対し、より低い価格とより幅広いサービスを提供しようとしている。それによって固定費あたりの収入は増え、弾み車がもう一回転する。要するに、消費者がアマゾンの市場で欲しい物を買うのと同じように、顧客である企業が簡単かつ費用効率よくテクノロジーニーズを満たせるようにしようとしているのだ。もちろん二つの事業のあり方には違いもあるが、両者は赤の他人というより、二卵性双生児に近い。

企業規模が大きくなると、それぞれ微妙に異なる複数のサブ弾み車がまわるようになる。ただ勢いを最大化するには、共通のロジックによってすべてがまとまっていなければならない。一つひとつのサブ弾み車は、全体のなかにしっかりと収まり、全体に貢献する必要がある。

---

future-success; Robert Hof, "Ten Years Later, Amazon Web Services Defies Skeptics," *Forbes*, March 22, 2016, https://www.forbes.com/sites/roberthof/2016/03/22/ten-years-lateramazon-web-services-defies-skeptics/#24435646c44.

何より重要なのは、創造的熱意と揺るぎない規律をもって会社全体の弾み車、そしてすべての構成要素とサブ弾み車をまわしつづけることだ。AWSが成長し、収益化の兆しが見えてからも、ベゾスはアマゾンの消費者向け小売事業に創業期と変わらぬ活力とエネルギーを注ぐことにこだわりつづけた。アマゾンの年間収入が二〇〇〇億ドルに迫るといっても、世界の小売市場全体のなかでは一%にも満たないのだから〔22〕。

弾み車をまわしつづける

「衰退の五段階」から何を学ぶか

一時は偉大と言われた会社が凋落したケースを調べてみると、偉大

▼注22
Amazon, Fiscal 2017 Annual Report (Seattle, WA: Amazon, 2017); "Global Retail Industry Worth USD 28 Trillion by 2019 - Analysis, Technologies & Forecasts Report 2016-2019 - Research and Markets;" *Business wire*, June 30, 2016, https://www.businesswire.com/news/home/20160630005551/en/Global-Retail-Industry-Worth-USD-28-Trillion.

さを獲得する原動力となった重要な原則を放棄していたことがわかる。誤った指導者に権限を委ねる。**最初に人を選ぶ**原則に背き、**適切な人をバスに乗せる**のをやめる。厳しい現実を直視しなくなる。ハリネズミの概念の三つの円から迷い出て、絶対に世界一になれない事業に手を出す。規律を捨てて官僚主義に走る。基本理念を忘れ、目的を見失う。そして一時は偉大だったにもかかわらず、むなしく自滅していく会社に共通する最も重要な特徴の一つが、弾み車の原則を守らなくなることだ。『ビジョナリー・カンパニー3　衰退の五段階』の母体となった研究では、一時は偉大と言われた会社の衰退には五つの段階があることがわかった。㈠成功から生まれる傲慢、㈡規律なき拡大路線、㈢リスクと問題の否認、㈣一発逆転策の追求、㈤屈服と凡庸な企業への転落か消滅である。特に注目すべきは第四段階、一発逆転策の追求だ。この段階まで転落すると、会社は悪循環に陥る。弾み車の勢いを蓄積するのとまさに逆だ。カリスマ的救世主、有効性の検証されていない戦略、精度未調整の巨大な砲弾、企業文化の大改革、「一発逆転」の買収、目新しい技術、過激なリストラ（他にもいろいろあるが）にすがろうとする。どんな状況か、みなさんにも容易に想像できるだろう。

第四段階で会社が一発逆転策にすがるたびに、一瞬だけ希望が盛りあがり、一時的に勢いも増す。しかし土台となる弾み車がなければ勢いは続かない。逆転策にすがるたびに会社の資本（財務的資本、文化的資本、株主資本）は毀損され、弱体化していく。弾み車という規律に立ち戻らなければ衰退は続き、第五段階に突入する。第五段階から復活した会社はない。ゲームオーバーだ。

サーキットシティは『ビジョナリー・カンパニー2　飛躍の法則』で研究対象となり、その後『ビジョナリー・カンパニー3　衰退の五段

階』にも再登場した。その凋落は、弾み車について重要な教訓を与えてくれる。「良いから偉大へ」の時期の同社は、アラン・ウルツェルの見事な**第五水準のリーダーシップ**の下、うだつのあがらない凡庸な会社から圧倒的成功者へと一気に飛躍した。ハイファイ・ショップの寄せ集めだったのが、高度に組織化された大型家電量販店チェーンとなり、一五年にわたって投資家に株式市場全体の一八倍以上のリターンをもたらした。しかしウルツェル時代が終わると、衰退が始まった。衰退の初期段階にある会社の多くがそうであるように、最初はわからな

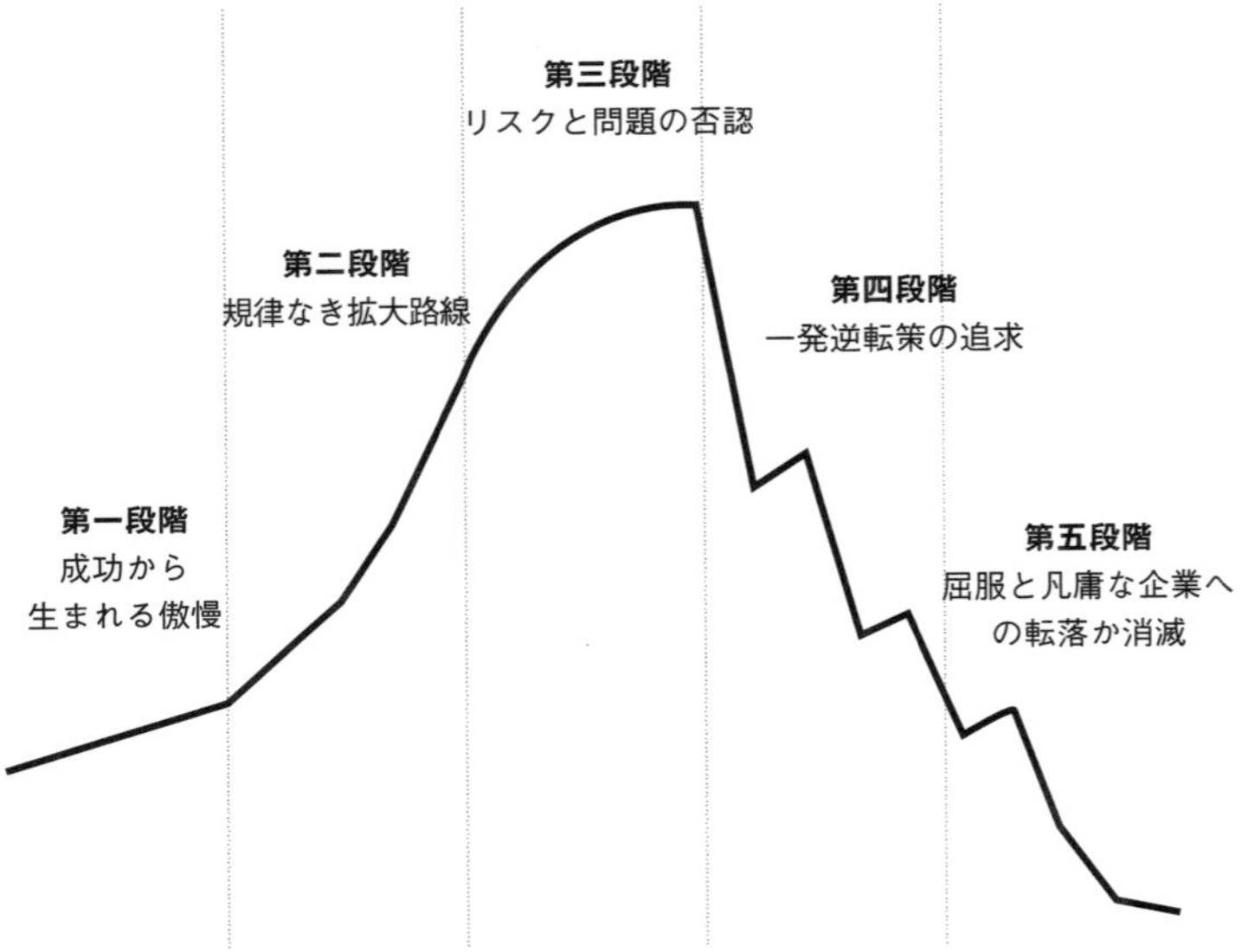

衰退の五段階

いくらいゆっくりとした下降だったのが、第四段階になると一気に坂を転げ落ち、あっという間に第五段階の屈服と消滅を迎えた。

なぜそんなことになったのか。主な原因は、ウルツェルの後を継いだ経営陣が弾み車の原則をめぐって二つの決定的誤りを犯したことだ。第一に、新たな金脈探しに夢中になった。いずれアメリカ国内に大型家電店を出す好立地がなくなることを見越して、成長のための新たな壮大なアイデアを求めたのだ。それ自体は正しい判断だった。アマゾンが常に弾み車を加速させるための新たなアイデアを探求してきたのと同じである。しかしベゾス率いるアマゾンと異なり、サーキットシティは家電量販事業を強固に、そして時代に即したものにする努力を怠った。そうしているうちに、ベストバイという新たなライバル会社に市場の主導権を握られてしまった[23]。

第二に、ウルツェルの後を継いだ経営陣は、弾み車を特定の事業と切り離し、会社の土台となる（拡張可能な）構造としてとらえれば、途方も

▼注23
Jim Collins, *How the Mighty Fall: And Why Some Companies Never Give In* [Boulder, CO: Jim Collins, 2009], 29-36.（『ビジョナリー・カンパニー3　衰退の五段階』山岡洋一訳、日経BP、2010年）

ない利用価値があることをわかっていなかった。これこそがサーキットシティ消滅の最大の教訓である。とりわけサーキットシティの凋落が惜しまれるのは、実際に「カーマックス」という弾み車の拡張手段を生み出していたためだ。それによって少なくともあと二〇年は勢いを生み出すことができたはずだ。カーマックスはウルツェルらがハイファイ・ショップ業界で成し遂げたことを、中古車業界で再現するというアイデアから生まれた。雑多な店の寄せ集めを、信頼感のあるブランドの下に統合し、洗練された大型店チェーンに変貌させるのだ［24］。

サーキットシティはカーマックス一号店をバージニア州リッチモンドに出店するという銃弾を撃った。一号店は成功した。そこで二つめの銃弾として、ノースカロライナ州ローリーに二号店を出し、そこでも成功した。続いてジョージア州アトランタで二発撃った。こうして実証的有効性を確認し、いよいよ大砲を撃った。大型店「カーマックス・スーパーストア」の出店を開始し、さらにフロリダ州、テキサス州、カリ

▼注24
Alan Wurtzel, *Good to Great to Gone: The 60 Year Rise and Fall of Circuit City* (New York, NY: Diversion Books, Kindle Edition, 2012), Chapter 8; Circuit City Stores, Inc., *Fiscal 2002 Annual Report* (Richmond, VA: Circuit City Stores, Inc., 2002); Michael Janofsky, "Circuit City Takes a Spin at Used Car Marketing," *The New York Times*, October 25, 1993, http://www.nytime.com/1993/10/25/business/circuit-city-takes-a-spin-at-used-car-marketing.html;

フォルニア州など新たな地域でも展開しはじめたのだ。二〇〇〇年代初頭には、カーマックス事業は年率二五％近い成長を遂げ、二〇〇二年には三〇億ドル以上の売上を生み出し、黒字化していた[25]。

ここでしばし考えてみよう。なぜカーマックスの成功はサーキットシティの凋落を防げなかったのか。カーマックスはサーキットシティの弾み車を新たに大きく拡張するものだった。その後何年にもわたって勢いを生み出せるはずだった。アップルがコンピュータから携帯用スマート・デバイス、ボーイングが軍用のプロペラ爆撃機から商用ジェット旅客機、マリオットがレストランからホテル、ウォルトディズニーがアニメ映画からテーマパークへと、弾み車を拡張したのと同じことができたはずだ。そして経営陣の予想どおり、大型家電量販店が事業として継続不可能な事態になれば、会社として持てるエネルギーのすべてをカーマックスに注げばよかった（インテルがメモリから撤退してマイクロプロセッサに集中したように）。だがそのためには、カーマックスは会社の根底に

▼注25

Mike McKesson, "Circuit City at Wheel of New Deal for Used-Car Shoppers: Megastores," *Los Angeles Times*, January 28, 1996, http://articles.latimes.com/1996-01-28/news/mn-29582_1_circuit-city.

Alan Wurtzel, *Good to Great to Gone: The 60 Year Rise and Fall of Circuit City* (New York, NY: Diversion Books, Kindle Edition, 2012), Chapter 8; Circuit City Stores, Inc., *Fiscal 2002 Annual Report* (Richmond, VA: Circuit City Stores, Inc., 2002).

ある弾み車を拡張したものだと認識する知恵が必要だった。

残念ながら当時の経営陣は、カーマックスを別会社として分離し、カーマックス・スーパーストアを手放してしまった。一九八五年の段階でインテルがマイクロプロセッサ事業を捨て、メモリチップ事業に集中したようなものだ。分離されたマイクロプロセッサ会社は成功したかもしれないが、インテルはおそらく消滅していただろう。幸いグローブとムーアにはマイクロプロセッサ事業がインテルの根底にある弾み車の拡張であることに気づく、戦略的洞察力があった。サーキットシティにはこの概念的飛躍ができなかった。

アラン・ウルツェルはのちに、著書『良いから偉大へ、そして消滅へ(Good to Great to Gone、未邦訳)』(ぜひ一読をお薦めする)に、こう書いている。「長期的に見れば、カーマックスをサーキットシティのポートフォリオのなかにとどめておかなかったのは失敗だった。(中略)もともとカーマックスを開発したのは、小売事業のポートフォリオをつくり、

▼注26
Alan Wurtzel, *Good to Great to Gone: The 60 Year Rise and Fall of Circuit City* [New York, NY: Diversion Books, Kindle Edition, 2012], Loc 3542 of 5094.

どれか一つが成熟したら別の事業が全体の成長を支えられるようにするという考えがあったからだ」[26]。ウルツェルはカーマックスがより大きな弾み車の一部であることをわかっていたが、後を継いだ経営陣はわかっていなかった。サーキットシティが（ベストバイのように）家電量販店の改良、刷新を続け、それと同時に根底にある弾み車を新たな領域（カーマックスなど）に拡張していたら、偉大な会社として存続し、S&P500企業のなかでも一段と上位に食い込んでいただろう。だが現実には弾み車の勢いを完全に失い、衰退の最終段階を転げ落ちていった。下へ、下への悪循環によって会社は競争力を失った。一度は良い会社から偉大な会社への飛躍を遂げたサーキットシティは、二〇〇八年冬に消滅した[27]。

▼注27
Alan Wurtzel, *Good to Great to Gone: The 60 Year Rise and Fall of Circuit City* (New York, NY: Diversion Books, Kindle Edition, 2012), Chapter 8 and Chapter 10; Jesse Romero, "The Rise and Fall of Circuit City," *Federal Reserve Bank of Richmond*, 2013; Jim Collins, *How the Mighty Fall: And Why Some Companies Never Give In* (Boulder, CO : Jim Collins, 2009), 29-36.（『ビジョナリー・カンパニー3 衰退の五段階』山岡洋一訳、日経BP、2010年）

歴史の判断

われわれが「偉大な会社を動かすものは何か」という問いに向き合い続けて四半世紀が過ぎ、研究データベースには合計六千年分以上の企業史が蓄積された。そこからは明確な結論が見えてくる。

大きな成功を収めるのは、弾み車を一〇回まわしたら、さらに一〇億回まわし続ける会社だ。一〇回まわしたら新しい弾み車で一からやり直し、それが一〇回転したらまた別の何かへとエネルギーを浪費する会社ではない。一〇〇回転させたら次は一〇〇〇回転、さらに一万回転、一〇〇万回転、一〇〇〇万回転と、弾み車を捨てると意識的に決断するまで（あるいは決断しないかぎり）まわし続けよう。要はきっぱり決別するか、ひたすら刷新を続けるかであり、決して弾み車をおろそかにしてはならない。創造力と規律を持ち、初めてまわしたときと同じ真剣さで一回、また一回と手を止めずにまわしつづけ、勢いを強めていこう。そうすればあなたの会社が「衰退の五段階」を回避し、良い会社から偉大な会社への飛躍を遂げるだけでなく、ごくひとにぎりの永続する会社の仲間入りを果たす可能性は大いに高まるだろう。

―付録―

ビジョナリー・カンパニーの枠組みと弾み車

偉大な会社への飛躍の道筋

本稿を執筆したのは、『ビジョナリー・カンパニー2　飛躍の法則』の第八章で初めて弾み車効果を提唱して以降、この原則について実務のなかで得られた知識をみなさんと共有したいと思ったからだ。多種多様な組織で正しく設計され、活用された弾み車が威力を発揮する様子を目の当たりにしてきたことが執筆を決意した理由である。そこには株式公開企業や非公開企業、大規模な多国籍企業や小規模な家族経営の会社、軍事組織やプロスポーツチーム、学校組織や医療機関、投資会社や慈善団体、社会運動や非営利組織まで、幅広い組織が含まれている。

ただ弾み車効果だけでは、偉大な組織は生まれない。弾み車はわれわれが「偉大な会社を動かすものは何か」という問いを四半世紀以上にわたって研究するなかで発見した、さまざまな原則から成る枠組みの一部である。こうした原則は、偉大になった会社を(同じような環境で活動していた)偉大になれなかった会社と「一対比較法（マッチトペア法）」で比べるなかで浮き彫りになった。両者の歴史を振り返り、体系的に分析し、「違いを分けた要因は何か」と自問したのだ(下図「偉大な会社への飛躍　一対比較法」を参照)。

　私は共同研究者とともに行った四つの主要な研究で、それぞれ異なる視点から偉大な会社と比較対象企業の歴史を振り返った。四つの研究は、それぞれ一冊の本に結実した。ジェリー・I・ポラスとの共著である『ビジョナリー・カンパニー　時代を超える生存の原則』、『ビジョナリー・カン

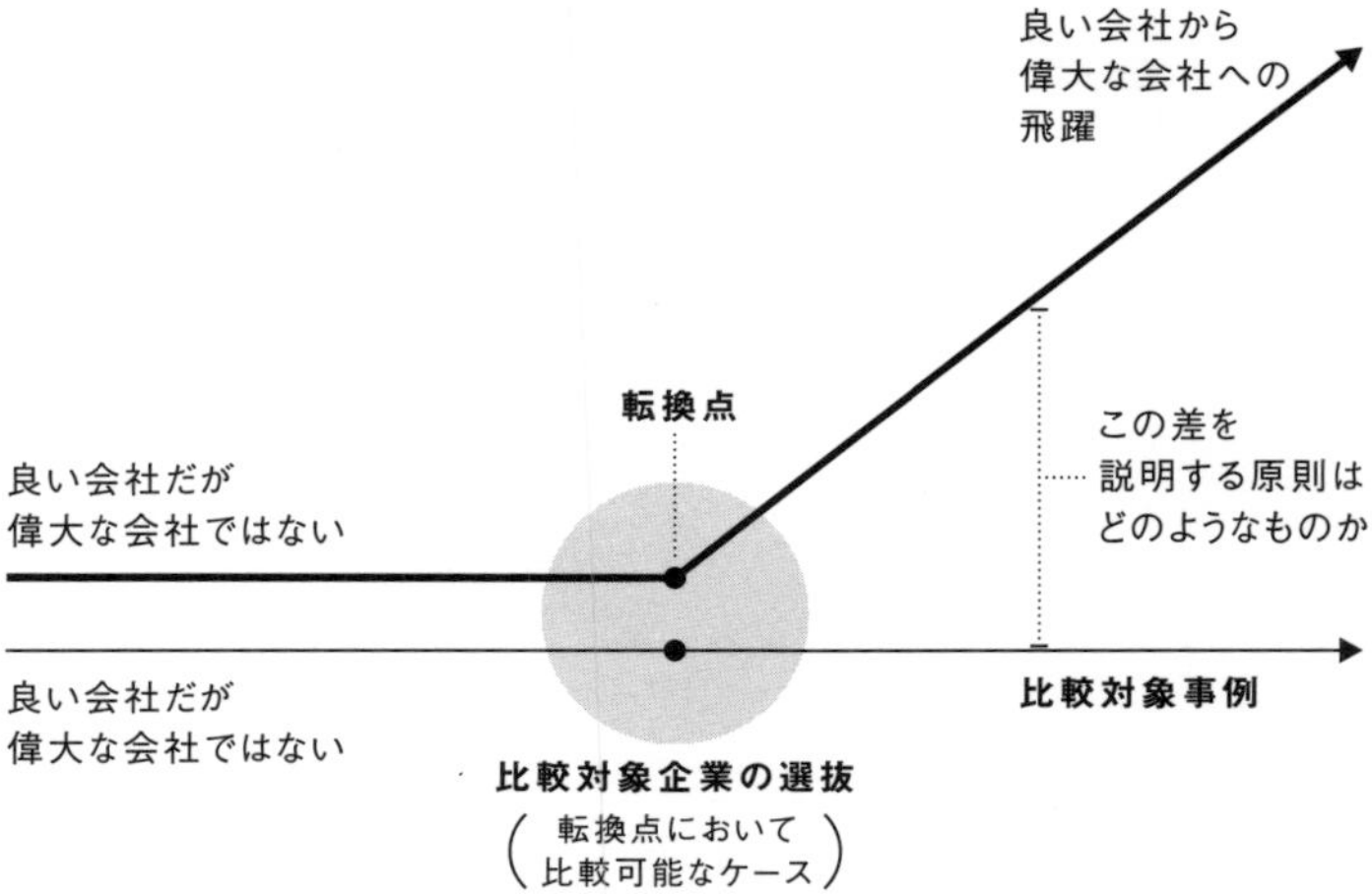

偉大な会社への飛躍　一対比較法

パニー2　飛躍の法則』、『ビジョナリー・カンパニー3　衰退の五段階』、そしてモートン・T・ハンセンとの共著である『ビジョナリー・カンパニー4　自分の意志で偉大になる』だ。さらに『ビジョナリー・カンパニー［特別編］』では、こうした原則を産業界以外にも広げた。

すべての研究結果に共通するテーマは、偉大な会社と凡庸な会社を分けるうえでの規律の役割である。真の規律には、あるべき価値観やパフォーマンス基準、長期目標と矛盾するような同調圧力をはねのける精神的な独立性が必要だ。本物の規律と呼べるのは、自己規律だけだ。「どれほど困難でも、最高の結果を生み出すのに必要なことは全部やる」という内なる意志である。規律ある人材がいれば、ヒエラルキーは不要になる。規律ある思考ができれば、官僚組織は要らない。規律ある行動ができれば、過剰な管理は不要だ。規律の文化を起業家精神と組み合わせれば、すばらしい成果につながる。

産業界でも社会分野でも、永続する偉大な組織を築くには、規律ある人材が規律ある思考をし、規律ある行動によってすばらしい結果を出し、世界に唯一無二のインパクトを与えなければならない。さらに長期間にわたって勢いを持続させ、時代を超えて存続する基礎を据えるための規律が必要だ。これが四つの段階で構成される枠組みの支柱である。

第一段階　規律ある人材
第二段階　規律ある思考
第三段階　規律ある行動
第四段階　永続する組織

四つの段階には、それぞれ二〜三個の大原則がある。弾み車の原則はこの枠組みのちょうど真ん中、規律ある思考が規律ある行動に転じるところに位置する。それぞれの原則を、簡単に説明しよう。

規律ある人材

第五水準のリーダーシップ

第五水準の指導者には、個人としての謙虚さと不屈の意志が同居している。驚くほど野心的だが、それは自らのための野心ではなく、何よりも信念のため、組織のため、組織の目的のためのものだ。第五水準の指導者の性格はさまざまだが、控えめで、物静かで、無口で、内気なことも多い。われわれの研究対象となった良い会社から偉大な会社への飛躍は、すべて第五水準の指導者から始まっていた。魅力的な人柄ではなく、魅力的目標によって社員の意欲を引き出していた。この概念は最初に『ビジョナリー・カンパニー2』で紹介し、その後『同特別編』でさらに発展させた。

最初に人を選び、その後に目標を選ぶ…
適切な人材をバスに乗せる

良い会社から偉大な会社への飛躍を成し遂げる指導者は、まず適切な人材をバスに乗せ（同時に不適切な人材をバスから降ろし）、それからどこへ向かうかを決める。常に、最初に「人」を選び、それから「目標」を選ぶ。混乱と不確実性に直面し、次に何が起こるかわからないという状況では、次に何が起ころうとも適応し、すばらしいパフォーマンスを発揮できる人材をバスいっぱい集めておくことが最善の「戦略」となる。最高の人材を伴わない最高のビジョンは無意味である。この概念も最初に『ビジョナリー・カンパニー2』で、その後『同特別編』でさらに発展させた。

—第二段階—　規律ある思考

ANDの才能

偉大な会社を築く経営者は「ORの抑圧」を拒絶し、「ANDの才能」を活かす。さまざまな側面の両極にあるものを、同時に追求する。たとえば創造性と同時に規律、自由と同時に責任。厳しい現実を直視すると同時に決して勝利への確信を失わない。実証的有効性と同時に断固たる行動。リスクを制限すると同時に大きな賭けに出る。建設的パラノイアと同時に大胆なビジョン、理念と同時に利益、一貫性と同時に変化、短期目標と同時に長期目標。この概念は最初に『ビジョナリー・カンパニー』で紹介し、『ビジョナリー・カンパニー2』でさらに発展させた。

厳しい現実を直視する‥ストックデールの逆説

建設的な変化は、厳しい現実を直視する規律から生まれる。良い会社から偉大な会社への飛躍を率いるのに最適な心構えを示すのが、ストックデールの逆説だ。どれほどの困難にぶつかっても、最後には勝利することへの揺るぎない確信を持つ。それと同時に、どのようなものであれ、自分が置かれている状況について最も厳しい事実を直視する規律を持つことだ。この概念は『ビジョナリー・カンパニー2』で詳しく説明している。

ハリネズミの概念

ハリネズミの概念は、(一)情熱をもって取り組めるもの、(二)自社が世界一になれるもの、(三)経済的競争力を強化するものという三つの円が重なる部分に対する深い理解から生まれる、単純明快な自己認識だ。経営陣が狂信的規律をもち、三つの円を意識した意思決定をするようになれば、良い会社から偉大な会社への転換点に向かう勢いが生まれる。ここにおいては何をすべきかという規律だけでなく、何をしないか、何をやめるべきかという規律も同じぐらい重要である。この概念は最初に『ビジョナリー・カンパニー』で紹介し、『ビジョナリー・カンパニー2』でさらに発展させた。

―第三段階― 規律ある行動

弾み車

最終結果がどれほど劇的なものであろうと、偉大な会社への飛躍が一気に成し遂げられることはない。たった一つの決定的行動、壮大な計画、画期的なイノベーション、幸運、奇跡の瞬間といったものは存在しない。むしろこのプロセスは、巨大な重い弾み車をたゆみなく押しつづけるのに似ている。何回もまわしつづけるうちに勢いが生まれ、最終的に突破段階に入る。弾み車効果を最大限引き出すには、自らの組織固有の弾み車がどのようなつくりになっているのか理解する必要がある。弾み車効果は最初に『ビジョナリー・カンパニー2』で説明し、本稿でその応用例を詳しく分析した。

二〇マイル行進

変化する世界でも成功する会社は、自らに厳格なパフォーマンス目標を課し、しかも必ず達成しつづける。天候にかかわらず毎日、少なくとも二〇マイルは行進すると決め、広大な大陸を徒歩で横断する冒険家のように。それによって無秩序のなかに秩序が、混乱のなかに規律が、不確実性のなかに一貫性が生まれる。たいていの組織では二〇マイル行進のサイクルを一年単位でまわすとうまくいくが、期間はもっと短くても長くてもいい。ただどのような期間にするかにかかわらず、二〇マイル行進には短期決戦型の要素（「このサイクルで必ず二〇マイルは進む」）と、長期的な積み上げの要素（「何年も何十年も連続して、毎年必ず二〇マイル行進をやり遂げる」）の両方が必要だ。このように二〇マイル行進は規律ある行動の最たるもので、卓越した業績の実現や弾み車の勢いの持続にかかわっている。この概念は『ビジョナリー・カンパニー4』で詳しく説明している。

銃撃に続いて大砲発射

イノベーションをスケール（規模拡大）する能力、すなわち有効性の証明された小さなアイデア（銃弾）を巨大な成功（砲弾）へと転換する能力があれば、弾み車の勢いを一気に高めることができる。まずは銃弾（低コスト、低リスクで、本業がおろそかにならない程度の実験）を発射し、うまくいくものを見きわめる。小さな銃弾を使って精度を調整するのだ。そうして実証的有効性が確かめられたら、精度調整済みの砲弾を発射する（大きな賭けに経営資源を集中する）。精度を正しく調整した砲弾は途方もない成果をもたらす。調整不足の砲弾は大惨事を引き起こす。銃撃に続いて大砲を発射するのは、組織がハリネズミの概念の範囲を広げる、あるいは弾み車をまったく新しい事業領域へ拡張していく主要な手段である。この概念は『ビジョナリー・カンパニー4』で詳しく説明している。

第四段階　永続する組織

建設的パラノイア

失敗から学べるのは、その失敗を生き延びられた場合だけだ。激動を切り抜け、衰退を回避できるのは、環境は突然、それも急激に変化しうることを想定している指導者だ。「こんなことが起きたら?」「あんなことが起きたら?」と執拗に問いつづける。良い時期も悪い時期も資金を蓄え、安全性を高め、リスクを制限し、規律を高めるなど事前の備えを怠らないので、破壊的変化が訪れたときには強く柔軟な立場で対処することができる。

建設的パラノイアは、弾み車が軌道をはずれ、組織が崩壊していく「衰退の五段階」に陥るのを防ぐ。五段階とは（一）成功から生まれる傲慢、(二)規律なき拡大路線、(三)リスクと問題の否認、(四)一発逆転策の追求、(五)屈服と凡庸な企業への転落か消滅である。建設的パラノイアは『ビジョナリー・カンパニー4』で、衰退の五段階は『ビジョナリー・カンパニー3』で詳しく説明している。

時を告げるのではなく、時計をつくる

先見性のあるカリスマ経営者が会社を率いる、すなわち「一人の天才を一千人で支える」方式の経営は、時を告げることだ。特定の指導者がいなくなっても繁栄を続ける文化を醸成するのは、時計をつくることだ。成功の土台となる単一のアイデアを探し求めるのは、時を告げることと。すばらしいアイデアをいくらでも生み出せる組織を構築するのは、時計をつくることだ。永続する会社を築く指導者は、時を告げるより時計をつくる傾向がある。時計をつくる組織における成功とは、ある指導者の在任中に偉大さを証明することではなく、その次の世代の経営陣が

弾み車の勢いをさらに高めることだ。この概念は『ビジョナリー・カンパニー』で詳細に説明している。

基本理念を維持し、進歩を促す

永続する偉大な組織には、ダイナミックな二面性がある。そこには時代を超える不変の基本的価値観と目的（存在理由）がある。それと同時に飽くなき進歩への欲求もある。変化、改善、革新、再生への意欲だ。偉大な組織は、基本的価値観や目的（ほとんど変わることがない）と、経営戦略や文化的慣行（絶えず世界の変化に適応する）の違いを理解している。進歩への欲求は通常「ＢＨＡＧ（社運を賭けた大胆な目標 Big Hairy Audacious Goals）」として表れ、組織にまったく新しい能力の開発を促す。すばらしいＢＨＡＧは弾み車効果の自然な延長上に出現することが多い。経営陣が弾み車をどこまで広げられるか想像し、その実現に全力で取り組むところから生まれる。この概念は最初に『ビジョナリー・カンパニー』で紹介し、『ビジョナリー・カンパニー2』でさらに発展させた。

10X型企業

運の利益率

最後に、運の利益率について説明しよう。枠組みに含まれるすべての原則の効果を増大させる原則だ。われわれの研究では、偉大な会社は一般的に比較対象企業と比べて運に恵まれたわけではないことが示されている。より多くの大きな幸運、少ない不運、あるいはタイミングよく運が巡ってきたのではない。運の「利益率」が高かった。つまり他の企業と比べて、運に恵まれたとき、そこから多くを引き出したのだ。重要なのは「幸運に恵まれるか」ではなく、「恵まれた運をどう生かすか」である。一つの幸運な出来事からより多くのリターンを引き出せば、弾み車にはより大きな勢いがつく。逆に不運な出来事に対処する備えができていなければ、弾み車は勢いを失ったり危うい状態に陥るかもしれない。この概念は『ビジョナリー・カンパニー4』で詳しく説明している。

偉大さのアウトプット

ここまで述べてきた原則は、いずれも偉大な組織を築くための「インプット」である。偉大な会社や社会組織をつくる道筋を示す「地図」と考えてもらっても構わない。では偉大な組織を特徴づける「アウトプット」とは何か。ここまでの話が偉大になる道筋だとしたら、偉大な組織とは何か、偉大さの評価基準とは何か。その基準とは「卓越した結果」、「唯一無二のインパクト」、「永続性」の三つである。

卓越した結果

産業界においてパフォーマンスは、財務成績（投下資本利益率）と会社の目的を達成したか否かで測られる。社会組織においてパフォーマンスは、結果と社会的使命を達成する際の効率性で決まる。ただ営利企業か社会組織かにかかわらず、達成すべきは最高レベルの結果だ。スポーツチームにたとえるなら、最上位の大会で優勝するレベルだ。自ら選んだ分野で勝利する方法がわからないようでは、真に偉大な組織とは言えない。

唯一無二のインパクト

真に偉大な会社は、関与したコミュニティにかけがえのない貢献をする。その仕事ぶりは文句なしに卓越しており、万一その会社が消滅すれば、地球上の他の組織では容易に埋められない空白が残る。あなたの組織がなくなったら、誰が惜しむだろうか。それはなぜか。必ずしも規模の大きな組織である必要はない。たとえばあなたの地域にある、閉店したら誰もが惜しむような小さくてもすばらしいレストランを思い浮かべてほしい。大きいからと言って偉大とは限らず、また偉大だからといって大きいとは限らない。

永続性

真に偉大な組織は、特定の優れたアイデア、市場機会、技術サイクル、あるいは十分な資金のある事業計画の枠を超え、長期にわたって繁栄する。挫折しても、それ以前より強くなって復活する方法を見つける。偉大な会社はたった一人の傑出した指導者に依存しない。あなたの会社があなたなしには偉大さを維持できないのなら、まだ真に偉大な組織ではない。

最後に、自らの組織がこのうえない偉大さを実現したと考えることを戒めておきたい。良いから偉大への移行に終わりはない。どれだけ偉大になっても、どれだけ多くを達成しても、次に達成できることと比べれば「良い」に過ぎない。偉大さとは本質的にダイナミックなプロセスであり、終点ではない。自らを偉大と考えた瞬間に、凡庸さへの下降は始まっている。

著者について

ジム・コリンズは「偉大な会社を動かすものは何か」の学徒であり、教育者だ。企業や社会組織のリーダーへのソクラテス的アドバイザーの役割も果たす。四半世紀以上にわたる研究に基づき、『ビジョナリー・カンパニー　時代を超える生存の原則』、『ビジョナリー・カンパニー２　飛躍の法則』、『ビジョナリー・カンパニー３　衰退の五段階』、『ビジョナリー・カンパニー４　自分の意志で偉大になる』など単著または共著として６冊を上梓、世界で累計1000万部以上のベストセラーとなっている。

好奇心旺盛なコリンズは、研究者、教育者としてのキャリアをスタンフォード大学ビジネススクールでスタートさせ、1992年には「優秀教師賞」を受賞した。1995年にコロラド州ボルダーにマネジメント研究所を創設した。

産業界での仕事に加えて、教育、医療、政府、宗教組織、社会ベンチャー、非営利団体などの社会組織に関する研究や教育にも情熱を注いでいる。2012年と13年には、ウエストポイントのアメリカ陸軍士官学校で「1951年卒業生記念リーダーシップ研究教授」を務めた。2017年にはフォーブス誌に「現代の最も偉大な経営学者100人」に選ばれた。

ロッククライミング歴は40年以上におよび、ヨセミテ渓谷のエル・キャピタンとハーフドームの１日登頂に成功している。

ジム・コリンズとその研究については、記事、動画、有益なツールを閲覧できるウェブサイト（jimcollins.com）を参照。

訳者略歴

土方奈美（ひじかた なみ）

翻訳家。1995年慶應義塾大学文学部卒業、日本経済新聞社入社。日本経済新聞、日経ビジネスなどの記者を務めたのち、2008年に独立。2012年モントレー国際大学院にて修士号（翻訳）取得。米国公認会計士、ファイナンシャル・プランナー。訳書に『Measure What Matters 伝説のベンチャー投資家がGoogleに教えた成功手法 OKR』『How Google Works 私たちの働き方とマネジメント』（ともに日本経済新聞出版社）、『アリババ 世界最強のスマートビジネス』『レオナルド・ダ・ヴィンチ』（ともに文藝春秋）など。

ビジョナリー・カンパニー
弾み車の法則

2020年1月14日　第1版第1刷発行

著　者	ジム・コリンズ
訳　者	土方奈美
発行者	村上広樹
発　行	日経BP
発　売	日経BPマーケティング
	〒105-8308 東京都港区虎ノ門4-3-12
	https://www.nikkeibp.co.jp/books

ブックデザイン	小口翔平＋喜來詩織（tobufune）
制作	アーティザンカンパニー
印刷・製本	図書印刷

ISBN978-4-8222-8860-0　Printed in Japan

本書籍に関するお問い合わせ、ご連絡は下記にて承ります。
https://nkbp.jp/booksQA